인생의 아름다운 길

사랑과 기적이 꽃피는
　　　여명근 권사의
　　기도 방 이야기 **2**

쿰란출판사

추천사

여명근 권사님은 한 생애를 신앙 위에서 올곧게 살아오신 분입니다. 그렇기에 권사님의 글에는 짧지만 삶의 금언처럼 다가오는 공감이 있습니다. 이것은 삶과 글이 일치될 때 오는 은혜입니다.

오늘날 말만 많고 자기주장, 자기 의가 득세하고, 삶이 수반되지 못한 채 머리로만 큰소리치는 이 시대에, 여명근 권사님은 삶으로 거둔 신앙의 귀한 열매들을 생생하게 보여주고 있습니다.

권사님의 평생은 이웃의 상처와 아픔을 자신의 것으로 삼아 자애(慈愛)를 베풀며 치유하는 삶이었습니다. 사람에 대한 호불호를 가리지 않고, 비판자적 가슴도 끌어안고, 남녀노소 빈부귀천 유무식의 한계를 뛰어넘어 긍휼의 눈길이 가는 누구라도 위하여 기도하고 치유하는 삶을 살았습니다.

삶의 고비고비를 지나며 체화된 영감 어린 고백들이 흩어지지 않고 이처럼 소중한 글들로 모아져 읽는 이에게 공명(共鳴)을 일으키는 것이 기쁩니다. 이 책은 누수 없이 한 생애를 신앙으로 살아온 그리스도인의 순박한 체험 기록이라 할 수 있습니다. 건강한 상식이 깊은 신앙과 결합할 때 체험되는 생명력 있는 시너지를 보여줍니다. 책 곳곳에 소박하지만 우리 생각을 크게 열어주는 글들이 잔잔히 배어 있습니다.

아무쪼록 여명근 권사님의 신앙으로 엮어진 삶의 지혜가 실천적 각론이 부족한 시대를 살아가는 우리에게 귀한 도전이 되길 바랍니다.

2017년 10월
오정현 목사(사랑의교회 담임목사)

추천사

　여명근 권사는 사랑과 봉사정신이 충만한 사람으로, 신분의 차이 없이 노소를 막론하고 골고루 사랑하는 사랑의 전도자라고 말할 수 있다.
　교회에서는 남몰래 청소를 도맡아 했으며, 어려운 일은 절대로 남에게 시키는 일이 없고, 몸이 아파도 꾹 참고 자기가 할 일은 끝까지 해내는, 몸을 아끼지 않는 사람이다. 기도하러 다니다가 주말에 집에 오면 피로가 쌓여 힘들어 보여도 죽으면 죽으리라 일한다. 그리고 주초가 되면 언제 그랬나 싶게 기도하러 나간다. 이것이 반복되는 생활이다.
　그리고 여 권사는 드러내기를 싫어하고 숨어서 봉사하는 사람이다. 교회 성물 및 차량도 봉헌했고, 에어컨, 앰프, 프로젝터, 그랜드피아노 등 교회에 필요한 시설들을 어느 정도 다 갖추어 드렸다. 교회가 부실공사로 인하여 100여 평이나 되는 콘크리트 지붕에서 물이 새어 몇 차례 시공하였으나 허사였다. 그래서 서울에서 기술자를 불러 시공하여 물 새는 것을 잡았다.
　어려운 교회를 보면 그냥 넘어가는 일이 없었다. 가정이 아무리 어려워도 헌금하였으며 선교사들에게도 선교비를 드렸다. 정신병 환자를 불쌍히 여겨 기도 및 상담을 많이 했고, 겨울에는 춥다고 내실에서 가족과 함께 잠을 잤다. 한밤중에 뜨거운 느낌이 들어 일어나 보니 정신이 온전하지 않은 아이가 오줌을 싸서 내 잠옷이 다 젖고 이불까지 젖었던 기억이 떠오른다.
　여 권사는 남의 말과 부정적인 말을 절대로 하지 않는 사람으로 가족관계에서도 사생활하며 듣고 본 얘기를 하면 그날은 싸움하는 날이다. 그렇게 다정하던 사람이 남의 험담은 듣기도 싫고 하기도 싫다며 큰말이 오고 간다.

인정도 넘쳐서 손님이 오면 절대로 그냥 보내는 일이 없다. 다과를 챙겨 대접하고 뭐 줄 것이 없나 살펴보는 성격이다. 입은 옷이 좋다고 하면 그 자리에서 벗어 주는 성격의 소유자이고, 자신은 집에서 헤진 옷을 입고 있으면서 옷을 다 나누어 주는 인정이 지나친 사람이다.

여 권사는 돈과 거리가 먼 사람이다. 돈만 보면 골치가 아프다 하며 돈에 관심이 없다. 근검, 절약정신도 대단한 사람이다. 남의 물건도 내 것같이 아끼며 남의 살림을 내 살림처럼 여겨 절약하게 일러주며 낭비하면 민망할 정도로 나무란다.

병자가 기도 받으러 오거나, 친지들이 아프거나 하면 병자의 아픈 부분을 미리 체험하여 기도의 효과를 극대화시킨다.

여 권사는 싱글벙글 웃으며 혼자 중얼거린다. 찬송가도 부른다. 옆에서 지켜보면 정신이 잘못된 사람 같다. 나중에 물어보면 하나님과 대화한 내용을 이야기해준다.

한마디로 말하면 여명근 권사는 사랑, 봉사, 감사, 지혜, 치유, 인정, 방언 등 특별한 은혜의 소유자다.

2017년 10월

윤은규 장로(음암성결교회)

머리말

　교회 나간 지 6개월 만에 음암구세군교회 집회에 참석했다가 하나님의 특별한 체험을 했다. 기쁨이 넘치고 세상이 다 환하게 보이며 내면을 보는 눈을 갖게 됐다. 지금 와서 생각하니 모두 하나님께서 인도해 주신 것이다.
　그 후로 하나님께서는 나를 불러내어 하나님 사역을 감당하게 하셨다. 교회에서 봉사하게 하시고 병든 사람을 찾아가 심방하게 하셨다. 그러다가 정신환자를 비롯해 온갖 병자들이 각처에서 몰려와 집에서 기도를 하게 됐다. 문전성시를 이루었다. 많은 사람들에게 밥을 다 해줄 수 없어 남편이 걸어준 가마솥 두 개에 잔치국수를 끓여 점심을 차렸다. 매일 백 명도 더 넘는 분들에게 대접했다.
　"작은 저수시에 그물을 넌지면 얼마나 고기가 잡히느냐? 망망대해로 가서 그물을 던져라." 하나님께서 말씀하셔서 서울에서도 기도를 하게 되었다. 서울에서 서산복음회를 만들어 기도를 돕고 기도 방을 운영하여 기도하는 데 힘이 되어 하나님께 영광을 돌리고 있다.
　전국 각처를 다니며 집회를 하고 돌아올 때는 새벽에 도망치듯 떠나와 차비 하나 받지 않고 기도하여 하나님께 영광을 돌려드렸다. 세계 각처에서도 기도를 부탁하여 외국을 이웃집 다니듯 다녔다. 하나님께서 "내가 너에게 거저 주었으니 거저 해주어라" 하셔서 돈을 받지 않았다.
　집이 새서 새로 건축하려다가 교회를 짓는다고 하셔서 건축

헌금으로 다 드렸다. 하나님께서 그 이듬해에 더 좋은 집을 짓게 해 주셨다.

우리 믿는 사람들은 항상 감사하며 봉사해야 한다. 미워하지 말고 욕심을 부리지 말아야 한다. 말 한마디에 복을 받기도 하고 복을 깎기도 한다. 항상 정직하게 살아야 한다. 남의 것을 탐내지 말아야 한다. 남의 말을 하거나 불평하거나 교만하면 되는 일이 없다.

거짓말하면 앞길이 막힌다. 부정적인 말은 하지 말고 긍정적인 말만 해라. 인생을 멋지고 즐겁게 살아라. 상대방을 인정해 주고 상대방이 있건 없건 칭찬해 줘라. 그러면 앞길이 열린다.

45년이 되도록 기도를 하여 몸담은 교회에 비전센터를 짓도록 인도하여 주시고 성물을 주신 하나님께 영광 돌리며 오랜 세월 동안 기도할 수 있게 도와준 남편과 가족들에게 깊은 감사의 마음을 전한다.

2017년 10월
여명근 권사(음암성결교회)

차 례

- 추천사_**오정현** 목사(사랑의교회 담임목사) … 2
  　　　　윤은규 장로(음암성결교회) … 4
- 머리말 … 6

1. 달려온 나의 길 … 11

2. 예수님의 인도 … 81

3. 사람과 영적 생활 … 103

4. 우리들의 기도 방 … 170

5. 가정은 사랑이 넘쳐야 한다 … 209

6. 세상 사는 지혜 … 261

7. 몸과 병 … 331

8. 노년 생활 … 364

9. 경제에 대한 지혜 … 376

10. 사탄을 알아야 승리한다 … 387

1. 달려온 나의 길

나는
평생 남편과
자식 앞에서
눈물을 보이지 않았다.

시아버님 농사 지으시는데
며느리가
시계 반지 번쩍번쩍

차고 다니면 되겠나?
그래서
안 차고 다녔다.

나를 키워준
올케에게도
금반지 해드렸다.

물건 12개를
팔아주면
한 개를 거저 주는

진아 기업사가 있었다.

진아 기업사에
12개 팔아주고
한 개 얻은 4500원 하는

오리엔트 손목시계를
막내 시누이에게 주었다.

시조카가
부러워할 것 같아
다시 12개 팔아
시계 하나를 받아다
시조카에게 주었다.

농약사 할 때는
베이지색 투피스에
하이힐 신고

네 알 주판

사용해 가며
독점 장사를 했다.

농협 생기기 전까지 했는데
어려운 분들에게는
그냥 주고 해서
남는 건 없었다.

농민 상대하는 건
크게 남지 않는다.

대신
많은 사람을 만났다.
무슨 약 줬는지도
기록해 놓아야 했다.

나는
일이 재미있다.
부지런하니
돈이 모인다.

일 많이 해서
힘든 것은
기도로 푼다.

난 아무리 어려워도
이겨 나갈 수 있지만
내가 아닌
남편이나 자식은
내 맘대로 못한다.

내가 모르고
잘못했을지는 모르지만
알고는
잘못하려 하지 않았다.

잘사는 사람을 보면
부럽지
미워하거나
질투하지는 않는다.

침이나 콧물 나면
어려운데
나는
감기도 잘 안 걸린다.

하나님께서
건강을 주셔서
정말 감사하다.

45년 전
예수 믿기 전에
남편이
허리와 다리가 아파서
걷지 못했을 때,

나는 남편에게
몸에 좋다는 것을
다 해드리기 위해

길가의 풀 잎새도
그냥 지나치지 않았다.
한약 박사라는
말도 들었다.

장로님은
부당한 일 당하시면
당당하게 따지셨다.

남편 장로님은
부정부패를
잘 잡아내신다.

당신이 깨끗하고
깔끔하게

사시기 때문에
가능한 일이다.

장로님이
성질은
꼬장꼬장하셔도
마음이 넓으시다.

장로님이 청소해 주시면
당신은
이거 할 사람이 아니라고
말한다.

남편에게
나의 안 좋은 점
알려주면
고치겠다고 말했다.

다 좋다고 하셔서
그럼 좋은 점은
무엇이냐고 하니

"첫째, 부정적인 말 안 한다.
둘째, 거짓말 안 한다.
셋째, 남의 말 안 한다.

넷째, 가정적이다.
다섯째, 부지런하다."
말해 주었다.

다른 여자 분들이
남편한테
잘못하는 것 보며
나는 남편에게
더 잘해야지 생각했다.

남편에게
"생명만은
하나님 것이지만
조금이라도

이 쉬운 것 있으면
말해 봐요.
그것까지 채워줄게" 말했다.

"명근이는
명근이 갈 길이 따로 있고
나는
내가 갈 길이 따로 있다.

그러니

당신도 훨훨 다니며
멋지게 다녀라."
남편 장로님의 말씀이다.

하나님이
나를 쓰시려고
당신을
건강하게 해주실 거라고
남편을 위로해 드렸다.

장로님 편찮으시면
모든 것 제치고
병원 안 보내고
종일 주물러 드릴 것이다.

장로님
편찮으시면
내가 일을 못하니
하나님 손해다.

장로님한테
"인생 사는 것 별거여?
한 번 가면
돌아올 수 없는 것인데

죽어도
아깝게 죽었다는
소리를 들어야지."
말씀드렸다.

"내가 아팠으면
그 돈 다
없어졌을 텐데

밥 사시라,
다 품으시라."
남편 장로님에게
말씀드린다.

내가 아프지 않으니
풀어 대접해야 한다고
말씀 드린다.

애들이 안 가져가니
내가 쓸 것까지
당신이 다 쓰신다.

그것을 안 쓰면
딴 데로 새게 된다.

남편 와이셔츠 다릴 때,
정성껏
마음과 혼을
쏟아 부었다.

내가 돈이 없나?
남편에게
기분 좋게 옷을
사드린다.

"당신 참 멋있다."
"몸매가 옷을 받쳐주네."
말에 돈 드나?
칭찬해 드리니
좋아하신다.

남편에게
할 말이 없으면
"당신 얼굴이

반짝반짝하고 좋네."
말씀해 드려서
기운을 북돋아 주었다.

장로님에게

"이리 좀 돌아 봐요.
당신 참 멋있다"
말한다.

내가 남편에게
"멋있다"는 말 자주 하니
기가 사신다.
자신감이 넘친다.

책임감이 무섭다.
장로님이 학교 계실 때,
소풍날 되면, 비가 올까?

운동회 때는
누가 다치기라도 할까?
염려되어
기도를 많이 했다.

"당신이 돈이 없나?
밭이 없나?
집도 있지,

연금도 나오지.
멋지게 살아요"
남편에게 말한다.

나는 사람을
파헤치는 사람이다.
남편을
항상 감찰하고 있다.

남편의 고통은
내가 감당해야 한다.
남편을
유리그릇이라 생각하고
잘해 드렸다.

남편이 늙으니
신경 쓰게 하지 않아 좋다.

"이놈의 마귀야!"
우리 남편은 사랑하지만
그 속에 든 마귀는
예수 이름으로 대적한다.

나는 남편과
상의할 일이 있으면
식사 후 30분이 지나서
말을 시작했다.

남편이

소화될 시간이
필요해서였다.

열 분이
문병 가시는데
점심 식사를 꼭 대접하시라

부탁하며
돈을 드리면서
돈이 이렇게
좋은 걸 알았다.

"우리가 건강하니
돈이 안 들잖아요?"
남편에게 말했다.

"놀아봤어야
놀 줄도 알지.
불쌍한 명근이
돈도 써봤어야 쓸 줄 알지.

있는 돈 다
교회 갖다 주고."
남편 장로님의 말이다.

나는 남편에게
교회 나가시라는 말씀을
드리지 않았다.

교회 나가도 등록 안 하니
사탄이 틈탔다.

잔병치레를 하시다가
교회에 등록하니
하늘나라에
출생 신고한 듯
사탄이 틈타지 않았다.

"내가 죽어봐.
당신이 누구하고 얘기하나?"
남편에게 말했다.

"왜 당신 얼굴이 늙었어?
자식이 속 썩이나?
내가 속 썩이나?"

남편 장로님 얼굴이
늙어 보이면
너무 속상하다.

"내가
당신에게로
두 손을 불끈 쥐고
달려가고야 말테니까."

서울에서 기도하고
서산의 남편에게
전화한다.

나는 네 아이들을 다
방학 때 낳아
남편이
몸조리를 잘 시켜주었다.

"당신이 애들 교육을
잘 시켰지."
남편의 말씀이다.

나는 늙어서
장로님
고생 안 시킬 거라고
굳게 결심했다.

장로님은
농담 않고

무게 있고,
빈틈없는 분이다.

남편이 있으니 감사하다.
남편이 못생겼어도
감사할 텐데
잘생겼으니 더 감사하다.

"내가 남편 하나는
정말 잘 만났네."
나 혼자 감사했다.

첫째는 정말 잘생겨서,
두 번째는 나에게
일을 안 시켜서 감사했다.

남편 잘 얻었으면
감사할 줄 알아야 한다.

젊을 때, 늦게 오셔도
남편 계신 것을
고맙게 생각하고
아무 말 안했다.

남편 계셔서

장로 모임에 가니
감사하다.
늙으니 남편이 잘해 주어
요새는 살 만하다.

살아 준 것도
감사해서
다 받아 줄 것이다.

장로님 계시니까
감사하고
어떤 일 있어도
잘해 드리려 한다.

여자가 맞춰줘야 한다.
나는
남편에게 최선을 다했다.
하나님만이 아신다.

'내가 뭐 잘못한 것 있어?'
하지만
그 말은 안 했다.

얼마 남지 않은 인생,
남편이 뭐라 해도

더 사랑하고
더 잘해 줘야지라고
생각한다.

딸기를
남편에게 드릴 때는
꼭지와 끝부분을
잘라내고
가운데 부분만 드린다.

남편이
기분 좋으시라고
일 년에 몇 번씩
이불을 환한 색으로
색깔 맞춰 바꿔드린다.

장로님 칠순 때
받은 돈으로
구세군에
종과 십자가를 해드렸다.

여러 교회에
십자가 해드렸다.

당신 돌아가시기 전에

전구랑 부품을
다 바꿔 놓고
가시라고 말한다.

장로님은
명절 때마다
서울 오시면

경비원들에게
5만 원씩을
봉투에 담아 주신다.

장로님은 젊어서
아이크림 등
화장품을 사다주시며
내가 일 많이 한다고
야단치셨다.

난 어떻게 해야
남편에게 잘하나?
생각한다.

양치, 세수,
발 잘 씻으시고
깔끔하시니

정말 감사하다.

세수는
박력 있게
푸드득하셔도
한 번도 말한 적 없다.

세수도
맘대로 못하나?
말 안 하니
싸움이 안 된다.

비가 와도,
눈이 와도,
추워도, 더워도 행복하니
그냥 행복하다.
부부가 이렇게 좋다.

장로님은
노후대책 하라고
내게
통장을 만들어 주었다.

서울 오려면
새벽 2시 반에 일어나

반찬 만들고
식사도 한다.

서울 가려고 새벽부터
아침 진지 드리고
나오려면

남편은
"명근이 불쌍하다"고
말해준다.

남편이
낭비하는 것 같아도
'당신은 쓸 자격이 돼'
말씀드린다.
봉사밖에 할 것 없다.

나는
성가대장, 봉사부장,
여전도회장, 전도부장,
건축위원장 등으로
교회에서 봉사했다.

교회 일은
내가 다 해야 하는 줄 알았다.

우리 집이 새도
교회 먼저 건축했다.

물받이를 여러 개 받친
우리 집보다

교회에 더
애착심이 갔다.
하나님이 기도 시키셨다.

교회에 봉사해도
"이건 내가 해 놨다"
말한 적 없다.

신앙생활은
보람도 있지만
외롭기도 하다.

나는 교회 봉사할 때,
누구도 모르게,
즐겁게 했다.

사람이
해결하지 못하는 것은
하나님이

해결해 주신다고 해서
교회에 나갔다.

어떤 목사님은
나의 능력이
하나님이 주신
사랑과 희생에서
나온다고 하셨다.

내가 의사도 아닌데
아는 듯이 말하는 것도
대단하다.

비전센터 건축하며
사람 심리를
알게 됐다.

나는 중간 역할하며
심부름하고
고생을 많이 했다.

비전센터 짓는 것,
지금 같으면
못했을 것 같다.
가슴이 아프고

말이 막힌다.

비전센터 짓는 동안
하나님이
"너는 사람에게

칭찬 받지 말아라" 하셔서
한 번도
서운한 적 없었다.

비전센터 지을 때,
상처 받지 않게 해달라고
기도했다.

행정적인 것은
교회에서 하고
건축은 윤장로님 댁에서
했다고 말할 때,

교회의
잘못된 것 없애 주시고
하나님 나라가
확장되게
해달라고 기도했다.

"먹구름이
걷혀 나가게 해주시고
햇빛으로
걸어 나가게 해주세요"
기도했다.

하나님은 냉정하시다.
비전센터
쳐다보지도
못하게 하셨다.

남는 건 시기,
질투만 남더라.

본 제단에 가서
엎드리어
눈물 기도하고 싶었다.

잠깐 떠나고 싶다.
두세 시간을 울면
더 큰 역사가
날 것 같다.

하나님과 단둘이
있는 기도 시간이
더 많으면 좋겠다.

있는 걸 다 털어
비전센터 마무리했다.
빚 안 지고
다 마무리했다.

교회 일은
"내가"라는 것이
없어야 한다.
생각도 말아야 한다.

하나님은
계획이 있으셨다.
너무 멋지시다.

가만히 계시다가
갑자기 인터뷰하자는
기자 때문에
새로 시작했다.

교회는
혼자 하는 것 아니다.

"하나님!

저도 힘들어요.
다 갚아야 하잖아요.
건강도 해야 하구요."

비전센터로 바치니
유지하느라
내가
신경 쓰지 않아도 되고

애들은
하나님께 맡겼다.
평생 역사에 남았다.

강대상 꽃꽂이가
약간 비뚤어지면
몰래
바로잡아 놓곤 했다.

난 잘한다고 했지만
다른 사람이 보면
어떻게 생각했을까?
생각된다.

서울에서 기도 끝나고
우리 교회에

수요예배
참석하러 간다.

교회 위해
올 한 해도
열심히 기도해야겠다.

하나님께
지혜와 분별의 영을
주시라고 기도한다.

사람들이 하는 걸 보며
실망하고
의욕이 없어졌다.

난 다른 사람을
다 사랑해서
기도하기
힘든 줄 몰랐는데

지금은
사람이 어렵다.

당신 성격은
미워하지만

당신은
미워하지 않는다.

사람이
밉지는 않지만
왜 이렇게 잘못됐나?

그 잘못된 것의
근원을
쳐부숴주고 싶다.

날 괴롭히면
그 사람이 더 불쌍하다.
심술은 왜 피우나?
돈 안 드는
사랑도 못하나?

무엇인지 모르게
허전해서
눈물로
내 몸을 다 적실 것 같았다.

기도원 가서
기도한 후
울고 싶은 것이 없어졌다.

동네에서
어른들 대접하는 여행 가서
아이스콘을
많이 사서 대접할 때,

혹시
나중에 착오가 생길까봐
영수증을 받아 놓았다.

나는 사람에게
몸과 마음을
다 주지 않았다.
난 두려울 것이 없다.

우리 동네에서는
동네 분이 병 드시면
먼저 봉투나 잡수실 것을
들고 찾아간다.

입원하시면
어떠신가? 문병 가고
퇴원하시면
잘 계신가?
다시 찾아가 뵙는다.

겨울에는 빙판길에
봉고차 빌려서
서울까지
문병 가기도 한다.

그 속에
뭐가 들었는지
알 수 없는 사람이 많다.
뒤집어씌우는 사람도 있다.

책을 낸 뒤,
누가 책 얘기하면 기죽었다.
책 내고
사람들 속을 알게 됐다.

내 책은 예언이다.
내 책은
밥이고 영양이다.

영의 세계보다
육의 세계를 파헤친 것이
내 책이다.

꼭 지켜야 할 것,
해도 괜찮을 것,
해선 안 될 것,
해선 절대 안 될 것을
쓴 것이 내 책이다.

난 일이 너무 재미있다.
기도해가며
불편한 것은
말 한마디 안 했다.

나는 내 것
챙긴 것 없다.
손만 대도 병 낫는 것이
하나님께서
내게 주신 심부름 값이다.

우리 친정에서는
가을에
시루떡을 가득 해서
온 동네에 돌렸다.

옛날에는
일꾼 한 명 오면
애들이 서너 명 따라왔다.

나는

애들 먼저 먹이고 나서
어른들을 드리고

남편들 것까지 챙겨
나중에
가져가라고 말해주었다.

나는
옛날부터
오갈 데 없는 노인들을

방 하나,
화장실 하나씩 들여서
쉰 분만
모시고 살려고 했다.

나는
불평불만,
원망 없이
부지런하고 생활력이 강했다.

오십여 년 전 새댁 때
시아버님이
10만 환 주셔서
3만 환으로 목판 짜고

구멍가게 했다.

풍선, 연필, 또 뽑기,
공책, 빵, 모기약 등을 팔아
어머니 댁에
동태 사다 드렸다.

계란 한 알 가져오면
자연 공책 두 권 줬다.

나는
일이 즐겁고 재미났다.
난 열매 맺는 일에
관심이 많았다.

"하나님이 내 아버지라서
난 부자야."
예전에
내가 자주 하던 말이다.

난 마음이 행복하니
사고 싶은 게 없었다.
나는
사람들 세 명만 모이면
주눅 들어

잔칫집에 가도
할머니들 사이에 숨어서
국수를 먹었다.
세 사람만 모여도 떨렸다.

나는 커피 한 잔
편하게 앉아서
마셔본 적이 없다.

98평 주택의 일을
혼자 다 하고 있다.
기도하는 날이
쉬는 날이다.

"난 왜 이렇게
일을 잘하는지 몰라."
일 잘하는 것 두고
내가 나를 칭찬한다.

내가
참 착하긴 착했더라.

밤 9시에
잠자리에 누웠다가
새벽 2시 45분에 일어나

밥 안치고
3시경 새벽기도 드리러
교회에 간다.

집에 정신환자
마흔 명쯤 데리고 살았는데
남편이 학교에서
어려운 일 있다 하실 때,

"나는
다른 세상 사는 사람을
상대하는데

학교는
정상적인 사람들 아니냐?
끝까지 설득하면
변화된다" 말씀드렸다.

기도 줄 잡히며
지나간 한 해가
그렇게 아쉬워
기도 많이 했는데
자신감이 넘치더라.

앞으로

엄청 많은 일을
할 것 같았다.
난 성공한 사람이다.

누구든
남 핍박하는 것 보면
차라리
나를 한 대

때려 주는 것이 낫다.
남 핍박하는 것은
정말 싫다.

난 누가
남을 미워하는 것을
못 본다.

나는
남 얘기하는 사람이
제일 싫다.
다 성격 차이지

상대가 되어야 싸운다.
다 성격 차이이므로
이유를

묻지 않았다.

남 미워하는 말을
누가 하면
말하는 사람이
손해나는 것을 아니까
내 가슴이 아프다.

나는
남이 잘못한 것을
기억은 하지만
조금도 미워하지 않는다.

지금은 이렇게 기도한다.
"하나님! 감사해요.
내가 어떻게
이렇게 말을 잘하고
일도 잘하죠?"

"형님하고 나하고는
부모님 잘 만나서
논배미에 가서
일을 안 했다.

호강은

형님하고 내가 했다."
형님에게 내가 한 말이다.

아들을 잘 키우셔서
며느리인 내가 호강하니
너무 감사해서

시부모님께
"아니오" 소리
한 번 안 했다.

순종했다.
조금이라도
은혜를 갚으려고
고향을 안 떠났다.
"뭘 못 할까?" 생각했다.

나는
시어머님이 돌아가셨어도
후회 없이 일했다.

옷 해 입는
닷새 베로 200만 원 들여
수의 만들어

함에 반듯하게 넣어
살아 계실 때
미리 준비해 드렸다.

내가
한 일에 대해서는
일절 말 안 하고
내세운 적도 없다.

남편과 시누님이
수의에 대해
알아보느라 애쓰시기에
"내가 알아서 할게요"
말하고

큰 시누님 수의도 만들어
십수 년째
보관하고 있다.

"교만이란 건
왜 나온대요?"
손에서 힘이 나온다.

정신 환자들의
몸 씻겨 주고

옷 사주고 했다.

누가 식사 대접한다면
나는 밥 먹을
자격이 있다고 말한다.

그러나
시간이 아까워
먹어본 적은 거의 없다

처음에
기도 안 하려고
피해 다녀도
사람들이 너무 많이 왔다.

담 넘어도 오고
새벽기도 간 후에
들어와서
창고에 숨었다가

남편 출근하시면
우르르 몰려 들어왔다.

한 번 넘어가 주었더니
다시

이용하려는 사람도 있어서
"상상 속에 빠졌구먼"
말해줬다.

나는
허점이 없어서
흔들리지 않는데
사람이 약해지면 침투한다.

나는
귀신을 다루는 사람이다.

지나간 세월이
너무 아깝다.
출판 기념회 때
받은 돈이 있어서

마지막으로
하나님께
마음껏, 있는 것
다 드리려 했다.

어떻게 어떻게 해서
오르간 2대 값이 들어왔다.

하루 만에
2억 6천만 원을
모으는 것은
전무후무한 일이다.

교회에
헌금하려 생각하고
서울 오는데

벚나무 가지에서
노란 잎이
사방으로 바람에 날려
멋지게 쌓인 것을 보았다.

가지까지 춤을 췄다.
세포 하나하나
살아 움직이는 것 같았다.
춤추는 낙엽이
돈으로 보였다.

"당신이 1억 원 냈나?"
남편이 물었다.
"내가
돈이 무슨 필요 있어요?"

교회에
오르간을 봉헌했을 때,

"사랑의 교회에
불씨를 던졌네."
남편인 장로님이 말씀하셨다.

일 억의 돈이
많지 않게 여겨졌다.

하나님께
다 바쳐 기분 좋다.

베풀었다는 것이 좋다.
베푸는 것도
통로를 잘 뚫어야 한다.

예전에
우리 집에서 기도할 때,

정신 환자들이
장로님의 가장 좋은
밥주발, 은수저 등

아끼는 것을 깨면

한 번도
속상해 하지 않았다.

"나한테 보여주지 말고
조용히 갖다 버려요.
더 좋은 것 주실 거야"
말했다.

마귀는
속상해하는 것을
좋아하기 때문에
아깝게 생각하지 않았다.

내가
처음에 은혜 받을 땐
'천부여 의지 없어서
손들고 옵니다'로 시작해서

'웬일인가? 웬 은혜인가?'
5절을 다 부르고
그다음엔
'부름 받아 나선 이 몸'

'하나님의 나팔소리'
'빛의 사자들이여'

이 찬송들을 부르며
잠을 자지 않고
일을 많이 했다.

'내 진정 사모하는
친구가 되시는'
찬송을 특히 좋아했다.

'시험 당할 때에
악마의 계교를
즉시 물리치사'
부분에선

"즉시"에
있는 힘을 다해 강조하여
시험이 올 때
빨리 물리쳤다.

'낮엔 해처럼,
밤엔 달처럼'
이 찬송은
부르면 겸손이 나온다.

'나의 등 뒤에서
나를 도우시는 주'

'내 평생 살아온 길
뒤돌아보니'
순으로 은혜를 받았다.

인간 됨됨이를 고쳐서
일해서 먹고 살 사람은
일하게 하고

물질은
꼭 필요한 사람에게 주도록
분별하게 했다.
나는 분배의 은사가 있다.

있는 자리에서
최선을 다했기 때문에
기쁨이 파도치고,

후회 없으며
식구들한테 잘하게 된다.

가족 중 한 사람이
기쁨으로 파도치면
가족들이 연결되어
하나 된다.

능력은
사랑에서 나온다.

외롭길랑 그만두고
하루가
정말 바쁘게 지나간다.

너무 바쁘게 살아서
갱년기가
뭔지도 몰랐다.

나는
일이 그렇게 즐거울 수 없다.
이 즐거운 일을
누구에게 맡기랴!

난 너무 멋지게 산다.
엄청나게 알뜰하지만
옛날부터
불쌍한 사람의 물건을
다 팔아줬다.

새 것은
다 남 주고
헌 것은 내가 쓴다.

무섭게 절약해서
나한테는 안 써도
남에게는
멋지게 쓴다.

난 집에서
조금만 어렵게 해도
기도하지 못한다.

사랑 받으니
물만 먹어도
소화가 잘된다.

나는 하나님이
갈고 닦아 주셨다.
누구나 성숙해지면
하나님이 도와주실 것이다.

서산서 올 때,
"직장도 아닌데
내가 꼭 와야 되나?" 하다가
서울 와보면 보람이 있다.

젊어서는
둥둥 떠다니다시피

"감사! 감사!" 하며
일하고 다녔다.

먹을 것도 많아
감사하다.
화낼 필요가 없다

나는 어려운 것 다
하나님께만 하소연했다.
어려운 일 있으면
콩밭 속에 숨어서 울었다.

이제부터
어떻게 살아야 하나?

"하나님!
건강 주시면
앞으로
정말 열심히 일하겠습니다."

하나님께서
더 큰 능력을 주셨다.
남은 생애를
하나님 위해 살아야 한다.

나는
친해도
우리 둘만 알자는
비밀이 없다.

하나님 모시고 사는 것이
너무 기쁘다.
구하지 않은 것도
다 주신다.

나는
바보같이 살아서
지금까지
조용하게 살았다.

뭐든
금방 잊어버렸지만
겁도 많고 정도 많아
심장이 나빠졌다.

책임지지 못할 말은
하지 않는다.
벌초 날짜도
우리가 정하지 않는다.

오며 가며
혹시 좋지 않은 일이
생기면 어떡하나
걱정되어서다.

가는 것도 부조,
오는 것도 부조다.

기도 시작하고
삼십 년 넘게
밥 먹을
시간이 없어서

밥은
두 끼 먹은 적이 많았다.
배고프지도 않았다.

세 끼 다 먹은 것
몇 년 되지 않았다.
요즘에는 몸이 좋아져
어깨살이 빠졌다.

나는
머리가 아픈 것도 몰랐다.
주님과 동행하니

그저 기쁘고 행복했다.

나는
햇빛 안 봐도
산다고 할 정도로
밖에 나가지 않던 사람이다.

지금도
집에 있는 것이
제일 좋다.

20여 년 전쯤
막내 시누이 학자금 대출금
700만 원 갚아주고
아무에게도
말하지 않았다.

십수 년 후에
시누이가
갚으려고 하다가
알려지게 됐다.

젊어서 교회 위해
고생하신 노인들을
대접한다.

혼자 사시는
할머니들이
몸 닦기 어려우시니

사우나 모시고 가서
때 밀어 드리고
식사 대접해 드렸다.

연세 드시니
여기저기 나오고
울퉁불퉁해서
정신이 없었다.
다치실까봐 걱정이 많았다.

나는 매일같이
새벽 3시부터
하나님 앞에서
마음을 정리한다.

우리는
호강도 해봐서
어지간한 고생은
다 참을 수 있다.

나는 교회에서

연세 드신 분들이
잡수시는
입이 너무 예뻐 보인다.

매주 교회에서
점심 식사 후
초콜릿,
사탕을 나눠 드릴 때도
성의 있게 드린다.

알아주거나 말거나
교회에서 얼굴 보며
웃는 것이
내 나름의 인사다.

어느 날은
기분이 좋아서
기운 없던 몸에서
쨍! 하고
활기찬 목소리가 나왔다.

"돈이 이렇게
쓰이는 것이 좋구나"
생각하고
며칠 동안 눈도 못 뜨다가

갑자기 힘이 났다.

하나님이
기뻐하시는 일이라
기운을 주시는 것 같다.
"돈은 이렇게 쓰는 거야."

삼성에서
초대권을 주어
어른들을 모시고 갈 때,

혹시 추울까 봐
머플러, 점퍼 등을 준비해서
감기 걸리신 분이
한 분도 없었다.

기도할 때는
나라를 위해,
경제를 위해,
젊은이들을 위해
두루두루 기도한다.

우리나라 젊은이들이
하나님의 지혜를 얻어

우리나라의 이름을
세계에
빛내게 해달라고
매일 새벽에 기도한다.

나는
내게 필요치 않은 얘기는
듣지도 않고,
상관하지도 않는다.

나는 누구에게든
조금이라도
도움이 된다면

몸이 어지간할 때까지
최선을 다할 것이다.

어떻게 하면
남을 도우면서 살까?

취직시켜 준다고
뇌물 받은 사람은
얼마나 괴로울까? 생각한다.
진실성이 중요하다.

나의 기도는
첫째, 감사한 일이고
하나님의 사랑을
나눠 주는 것이다.
사랑은 암도 녹인다.

일은
즐겁게 해야 한다.
일하며 불평불만하면
축복권이 없다.

나는 똑똑한 말은
할 줄 모른다.

난
다른 사람의 몸을
굉장히 아낀다.

내 손을
세로로 세우면
굳어져 댕기는 것을
칼같이 자르기도 한다.

손가락 끝을 세워
침도 놓으며

손바닥을 대면

불로 지지는 것처럼
뜨겁게
느껴진다고 했다.

기도가
돈이 드는 건가?
나는
몸을 사리지 않았다.

눈물은
너도 좋고 나도 좋다.
감사 눈물은
데굴데굴 굴러도
시원치 않다.

눈물 없으면
"하나님! 날 버리셨어요?"
여쭤본다.

개소주 내릴 때,
약재 18가지 넣어
30시간 불 때면
엿같이 된다.

5만 원씩 품삯 받아
종탑을 바쳤다.
당진, 면천 등
여러 군데 교회에
십자가를 해드렸다.

축복이
우리 집으로 흘러 들어왔다.

난 너무 좋아서
기쁨이 파도친다.

내 돈은 품삯이다.
그래서
다른 사람을 위해
돌려 드린다.

나는 땅에서
뛰어넘은 사람이다.

내가 편히 잠을 자면
열매가 없다.
계속 머릿속으로
뺑뺑 세계를 돌며 기도한다.

누가 상처 주면
"그렇게
어린 사람들이 뭘 알아?"

"내가 어떻게 이런 걸
잘 아는지 몰라."

예수님 옷자락만 만져도
병 낫는 것처럼
손으로만 스쳐도
병 낫는 것이 신기하다.

나도
기도해 주며 너무 신기하다.
힘으로 하면 못 한다.
기름병 하나 못 딴다.

난
돈 빼가는 것을
막아주는 사람이다.

집안에 좀먹는 것을
파고 들어가
돈 새는 것을 막았다.

"나처럼 호강한 사람
어디 있어?"
하나님 앞에서 나중에
떳떳하게 설 수 있다.

하늘의 푸른 구름은
꼭 박혔지만
풀어지면
뭉게구름 떠다니는 것같이
연해진다.

아무리
어려운 일도
하나님이 도와주시면
다 풀어진다.

자식에게
앙앙대는 부모도 있지만
나는 자식이 뭘 해주면
안타깝고,
마음이 잘잘한다.

나는
누가 뭐라 해도

힘들지 않다.
그걸 알고
마귀가 나를 괴롭힌다.

난 하나님 축복을 받아
하나도
부족한 것 없다.

자유가 없나?
돈이 없나?
남편, 자식이 속을 썩이나?

나는 한 사람도
미운 사람 없다.

공부해서 성공하는
사람도 많지만
내가 해보니까
남는 건 봉사밖에 없더라.

우리 모두가
나라에
보탬이 되는 사람이
되게 해달라고 기도드린다.

나는 멋 부리지 않고
일만 열심히 했는데
그게 축복이더라.

나는
잡음 들어갈 얘기는 안 한다.
나는 최선을 다했다.

표고버섯 키울 때,
한 번 종균 넣고 치면
얼먹어서 퍼진다.

내가 무능하니까
체험하게 하신다.

나는 보들보들
새싹 같은 심성을 가졌다.
하나도 걸릴 것이 없다.
당당하게 말한다.

예전에 서울에서
집에 가려면
3시간 반을

어차피 가야 하니

조급하지 않았다.

난 뚜벅뚜벅 걸어왔다.
조급하지도 않고
한눈팔지도 않았다.

기도 방은 사람을
개조시키는 곳이라고
이름이 났다.

"예수 믿으려면
윤 선생님 사모님
같이 믿어라"
말들을 했다.

나는
세계에서
둘도 없는 사람이라고
소문났다.

나는
남의 돈을 정말 아꼈다.
내가
항상 잘하는 것은 아니었다.

파마를 하면서도
중간에
기도하러 가서
시간을 못 맞추어
빠글빠글한 머리가 됐다.

예전에는 부흥회 때
모든 성도
다 모시고 대접했다.
주지도 받지도 않으면
복을 받지 못한다.

나는 음식도
먹고 싶은 것이 없다.
만족을 채워 놓으니
부러운 것 없다.

"내게 한 번 준 것은
내가 누구에게 돌리든
이유를 묻지 마라."

사람 세계에선
미움이 없다.
나의 큰 특징이다.
나는 다른 사람에게

부담 주기 싫다.

옛날 나빴던 기억
다시
꺼내지 말아야 한다.

"하나님! 이런 생각나지 않게
해주세요.
생각을 바꿔주세요."
기도한다.
나는 요동치지 않았다.

어떤 사람이
내게 상처 주는 것은
나를 갈고 닦으려고
나를 누드리는 것이다.

우리 집은
새나가는 것이 없다.
자식들이 부모 것을
빼앗아가지 않는다.

우리 아이들은
독립심 있게 컸다.

큰아들 군대 갔을 때부터
새벽기도
한 번도 빠지지 않다가
두 아들 다 제대하니
가끔 빠지게 되었다.

두 아들 옆에 두니
하나님을 덜 찾게 되더라.
편안하면 하나님께
덜 가까이 가게 된다.

이것을
깨닫고 나서
다른 어려움 오기 전에
새벽기도 열심히 나갔다.

"기도하는 집안에
하나님 영광
가리는 일 생기면
안 되잖아요?"
열심히 기도했다.

장로님과 내 기도가 셌다.
하나님 뜻이 있어서
나중에

크게 효도할 것이다.

큰아들이 중국에서
중의학 공부한 것은
하나님 축복이다.

큰아들이
아부를 할 줄 아나?
활발한 사람이 아니니

봉사하며 살라고
중국으로
중의학 공부하러 보냈다.

보고 느끼는 게
공부라고 보내서
20년 넘게 공부했다.

"당신이 앞서갔어."
몇 년 뒤
장로님이 말씀하셨다.

큰아들에게
"우리는 땅 있어
농사 지어

쌀 있고 집 있으니

욕심 부리지 말고
돈 벌 생각 말고
봉사하며 살아라"
예전부터 말했다.

나의 이 기도는
물려줄 수 없지만
남을 위해 사는 것이
얼마나 보람 있는지 모른다.

며느리는
선교사 역할을 했다.
문제 있는 애들을

밥해 먹여가며
상담을 했다.
드러나진 않아도
그게 선교사다.

"우리 엄마
우렁껍데기 떠나가네."
엄마가 애쓰는 것이 안타까워
큰아들이

가끔 하는 말이다.

아들들이
집안일하면
가슴이 잘잘하며
내가 먼저 지친다.

우리 애들은
눈 오면
할머니 댁 가마솥에
군불 때어
뜨거운 물 만들어 드렸다.

애들이 착하긴 착했다.

눈 많이 오면
할머니 마실 가시라고
동네 집으로 가는 길의
눈을 다 치워
길을 만들어 드렸다.

"밭에서 뽑아 담근
열무김치를
경비아저씨들께도
드려라"라고

둘째 며느리에게
말해주었다.

서울 가려고 옷을 찾는데
옆집 할머니가
큰애기가

옷 보따리 두 개 이고
건넛집에 가더라고
일러주었다.

가보니 큰딸이
아버지 코트, 내 외출옷,
자기 교복 등

식구들이 입는 옷을
한 가득 가져다주었다.

큰딸은
어려운 사람
도와주려 할 때,

"줄 수 있을 때
주려고 해요.
없으면

주고 싶어도 못 주잖아요?"
이렇게 말한다.

막내딸은
"우리 엄마는
밖에 나가기 싫어하고
바느질하고
뜨개질하는 엄마였다"
말한다.

막내딸은
참하고, 성실하고,
말 없고, 실수 없다.

인내심 많고,
신중하고,
진실, 겸손하다.

나는
애들에게
강요하지 않았다.

애들이 돈 달라면
줄이지 않고 더 주었다.

나는 자식에게
아무 소리 안 한다.
난 애들을
달달 볶지 않는다.

열심히 일하면
다 살 수 있다.

엄마를
마음으로 판단한다면,

"엄마에게
고칠 점이 뭐냐?
어떤 점이
나쁘다고 생각하느냐?"
막내딸에게 물었더니

"우리는
엄마 사랑만
먹어도 산다"고 말했다.

나는
음식 만드는 것을 좋아해서
여러 어른들에게
대접해 드렸다.

1. 달려온 나의 길 47

나는
받는 것보다
주는 것에 관심 있다.
받는 자가 아니라
주는 자가 되려고 했다.

여기저기 다니며
문제들을
해결하려 했다.

잠깐 졸다 일어나도
푹 자고 난 것같이
새 힘이 나고
새 아침이 밝은 것 같았다.

일을 즐겁게 해야
스트레스 안 생긴다.
나는 고생했지만
보람도 많았다.

다 좋을 수는 없고
다 맞춰가며
살아야 한다.

나는 정이 많아

다른 사람을
잘살게 하고 싶었다.

다른 사람들 때문에
안타깝고 걱정되어
잠 안 올 때가 많다.

난 내 속으로 혼자
공부가
굉장히 많다.

넓은 데서
여러 사람을 보며
배우는 것이 많다.

얼굴만 봐도
진실성 있는지, 가식하는지
다 알 수 있다.

난
눈만 뜨면 일한다.

노력하면서
뭐든 할 수 있다고
밀고 나가는 정신력으로

기도하고 있다.

하나님 일이고
생명과 연결되어 있기 때문에
이때 안 하면
영이 가라앉는다.

난 이 나이에도
기도하는 일이
만족스러워
기쁘게 기도한다.

기쁘면
얼굴이 지치지도 않는다.

기쁨이
파도치는 것 같다.
마음이 기뻐
어려운 것을 못 느낀다.

나는 강단에
서기만 해도
설교가 나왔다.
설교 준비를
해본 적이 없었다.

영의 양식 먹으니
배고프지 않았다.

새벽 2, 3시에
기도하고 들어오면
4시 반에
벌써 기도하러 가자고

데리러 온 차가
대기하고 있었다.

미국에서 교포의사가
혀 치료는
세계적으로 없다고 했다.

봉사하기 위한
시간을 내기 위해서
나를 위해서는
병원에
잘 가지 않고 살았다.

병원에 가서
젊은 사람들 아픈 것 보면
너무 가엽고
가슴이 아프다.

나는
속에 든 앙금을
다 건져내는 사람이다.

굶고 잠 안 자면
당뇨 생긴다.
나는 다 이겨내서
과로인지 아닌지도 몰랐다.

나는 선물로 받은
좋은 반지 없어져도
'누가 잘 쓰겠지' 생각하고
다 잊어버렸다.

되씹고 되새겼으면
병났을 것이다.

나도 사람인데
나를 부러워하는 줄 알았으면
기도하기
어려웠을 것 같다.

나는
잠도 잘 안 자고
집에서 일하는 것이

너무 재미있었다.

기도해주다가
누가 말을 안 들으면
마음이 아파
잠을 못 잔다.

나는 자손들이
우리에게
신경 쓰지 않게 하려 한다.
인생은 각각이다.

나이 들면
자손들이 뭐하는지
물어보기도 어렵다.

나는 아파도
아프단 말도 못한다.
난 할 말도
다 못하고 산다.

나는
깊이 들어가
풀이를 해준다.

잠깐 꾼 꿈에서
얼마나 행복을 느꼈는지
앞으로 어떤 일이 있더라도
행복할 것 같다.

행복에 대한
큰 경험을 했다.
"세상을 뒤집어 놓는
행복을 한 번
체험해봐."

"한 번 그런
하나님의 행복을 느껴봐!"

아무리 어려워도
불만하지 않게
한 번
행복한 걸로
다 갚아졌다.

너무 행복하니
정이 그곳으로
뺏겨간다.

내가 뭘 알기를 하나?

내가 사람에 대해
실망을 하니

뭐든지
이길 수 있는
행복을 느끼게 해 주셨다.

그 맛을 봐야
세상을
뛰어넘을 수 있다.

뛰어넘는다는 것은
참는 거지만
행복은
그것에 비교할 수 없다.

누가 아프면
그 사람의 아픈 것을
내가 느낀다.

아파 죽어도
크게 원통할 일 없다.
나는
지금 행복하기 때문이다.

그 행복을
풀어내야 한다.
너무 행복해서
다 이루어졌다.

내가 기도했더니
이렇게
행복하게 해주셨다.
더 이상
행복할 수가 없다.

왜 열심히 일해서
남을 위해
살려고 하지 않나?

우리 자손들이 잘 살려면
우리 마음이

짓눌려 가면서,
희생해 가면서도
남을 위해 살아야 한다.

나는
가고 싶은 곳도 없다.
하나님께

"뭐 갖게 해주세요."
기도한 적 없다.

예전에
큰일 하는 분이
병 들면
남편, 자식이 없다면

내가
저분 대신
죽어줬으면
좋겠다고 생각했다.

내가 살아보니
정말 재미있고
진짜 행복하나.

인생 짧으니
빚일랑 내지 말고
예쁘게 입고
재미있게 살자.

난 놀지 않으려 한다.
서산 아래층에
노인들 모셔 놓고

텃밭의 채소 등으로
대접하며 살고 싶다.

옛날 교회에서
아무도 몰래
청소하고 가면서

"하나님 집
깨끗이 청소하고 가요"
말씀 드리고 왔다.

"내가 어떻게 하다
이렇게 됐죠?"
하나님이 수준 높여 놓으시면
낮출 자가 없다.

하나님 나라
확장을 위한 기도드리며
"저를 도와주세요"
부탁한다.

마귀가
싸움 시키려고 했는데
싫다고 했다.

난
남들 앞에서
튀지 않게 행동했다.

"세월이 가면 알게 되겠지
비밀이 어디 있어?"

나는 기도만 하고
놀아본 적이 없다.
남 걱정만 했다.
일 중독이라고들 말한다.

난 사람은 안 무섭고
하나님만 무섭다.
졸지도, 주무시지도 않고
살펴보시기 때문이다.

경비아저씨를 보면
수박이라도,
뭐라도
사드리고 싶어 견딜 수 없다.

상사 책상에
꽃 한 송이씩
꽂아 놓으라고

일러줬더니
소사가 정식 직원이 됐다.

나는
걱정 말라고 용기를 준다.

한참 능력 받을 때
시련이 많았다.
떠보며
미혹하는
마귀 역사도 있었다.

외국에 다녀와도
자랑 같아 말 안 했다.

땅에서
뛰어넘었다는 것은
무슨 말을 들어도
아무 상관없이
물리친다는 것이다.

공중의 것을 연구한다는 것은
영적인 얘기다.

이것 참고

저것 참았더니
하나님이 축복 주셨다.

나는 옛날부터
열심히 살아야겠다고
생각했다.
헛된 시간 보내지 않는다.
시간을 아껴 쓴다.

나는 평생을
바쁘게 살아왔다.
시간을
다이아몬드처럼 살아왔다.

내가 참 알뜰하다.
살림에 보탬이 되려고
닭, 오골계, 돼지, 소 등을
열심히 키웠다.

사료를 사지 않고
저녁 무렵 쉴 시간에
아카시아 잎을
뜯어다가 먹였다.

일을 해야 살맛이 난다.

뭘 해서
저분들을 즐겁게 해드리나
계속 생각한다.

살기 편한 사람이
우울증 더 많다.
나는 너무 바빠서
우울증 걸릴 시간이 없었다.

처녀 때
일 욕심이 많아
딴 애들 놀 때,

나는 논두렁에
두렁콩을 심어
한 가마니를 수확했다.

남이
하지 못하는 일
내가 하니
더 즐겁게 일해야 한다.

지금까지 나에게
일을 주셔서 감사하다.
나는 줄 것도 없고

받을 것도 없다.

손자가 어질러도
한 번도 화가 안 난다.
혈기 안 생기고
화가 안 난다.

내 욕심에서 벗어나
하나님이
원하시는 것만 하고 싶다.

"내가 잘한 것도 없는데
왜 축복을 주셨어요?"
하나님께 말씀드렸다.

어려울 때도
때가 되면
축복을
받을 것이라고 생각했다.

고지식해야
하나님께서 축복 주신다.
나는 그동안 얼마나
행복하게 살았나?

하나님이
나를
어떻게 쓰시려고
이렇게 하시나? 생각했다.

하나님은 내게
뭐든지 이겨낼 수 있는
힘을 주셨다.

나는 무릎이 깨져도
병원 갈 줄 모르고
그냥 주무르고
다른 사람들을 위해서만
기도했다.

난 하나님이 너무 두렵다.
말씀하시면
얼른 깨달아
회개해야 한다.

불평하거나
의심했으면
회개해야 한다.

하나님 뜻은

다 이루어지지만
꼭 시련이 따른다.

하나님 믿게 된 것이
가장 행복이다.
감사 말고는
할 말이 없다.

다들 아프다고 하는데
나는
혼자 생생하게
나이를 잊고 살았다.

내 말 잘 들으면
행복해지고
건성으로 듣는 사람들은
어렵게 살더라.

나는
얼굴 굳어 본 적 없다.
사랑과 감사가 있고

최선을 다하고 사니
항상 밝은
얼굴이었던 것 같다.

남에게 짐이 된다면
그땐
하나님께서
데려가 주시면 좋겠다.

그동안
나는 애들에게
돈 줄 줄 몰랐다.
오로지
하나님 일에만 힘썼다.

70세가 넘어서
손주들에게
용돈을 주며
돈이 필요한 줄 알았다.

나는
남의 말 절대 못하게 하고
돈 드는 건
다 내가 했다.

나는
남편 번 것은
자손도 있고 해서
손대지 않았다.

새벽 2시 45분에 일어나
교회에 가 앉으면
하나님 품 안에
폭 안긴 기분이다.

옛날부터
잔칫날이 되면
밤새 혼자 준비를 다 했다.
말없이 미리 준비했다.

"하나님 나라
확장하게 해주세요.
어떻게 해야
하나님을 기쁘게 할까요?"
기도한다.

처음 믿을 때,
하나님께
묵상 기도하게 해 달라고
부탁드렸다.

요즘은
고상하게
미친 사람들이 많다.
나는 처음에

정신 이상자를 주로 고쳤다.

어려운 일 있으면
다음에
더 좋은 것을
예비하셨구나 생각된다.

아무리 중환자도
대문 앞에 오면
나는
사랑으로 안아 주었다.

받은 은혜 쏟지 않게
유지해야 한다.
속에서
기쁨 싣아 있으니
해같이 빛나는 마음이다.

내세우지 않고
말없이 일만 했다.

나는 잘난 척은
해본 적 없다.
내세우지 못한다

이런 고생은
하고 싶어도 못하는데
하게 해 주셔서
감사하다.

하나님하고
단둘이 있는 것이
너무 좋다.
연단이 더 커질수록
갈고 닦아 주신다.

나는
행복의 원천 되시는
예수님을
연결시켜 주는 사람이다.

나의 말은
전부 생활 속의
체험에서 온 것이다.

기도 받고
쥐밤 한 주먹 준 교인에게
축복 주시라고
기도했는데

몇 년 후,
단무지 공장을
여러 개 하고 있다고
찾아왔다.

하나님께서
"내가
너에게 거저 주었으니
거저 해주어라" 하셔서

기도해 주고
물도
안 마시고 다녔다.

언제부턴가
물은 마시라고 하셔서
그 집의 펌프에서
물을 퍼서 먹었다.

내가
눈물 한 방울 흘리니
하나님이
얼른 응답해 주셨다.

나이 들어

눈을 떠보니
안 좋은 사람이 너무 많다.

잘 되는 사람
밀어주고 싶다.
화날 일 없다.

"우리 같은
보통 사람을 위해
하늘에서 보내신
특수 집단이다"이라고

우리 식구를
말한 사람도 있다.

아무리 어려워도
얼굴 한 번 찌푸리지 않고
멋지게 살았다.

죽으려는 사람은 살고
살려는 사람은 죽는다.

요즘은
무식한 사람이
눈 뜨게 됐다.

눈 뜬 게 감사하다.

하나님이
우리를 어떻게
쓰시려는가? 해서

어려워도
어렵다 생각하지 않았다.
체험하면
피부로 느끼니까.

처음 받은 은혜를
지금까지
유지하고 있다.

성령에 호스 꽂고
물댄 동산같이
날로 새롭게 된다.

발전성 있는 것을
찾으려고
몸부림치고 노력한다.

좋은 일 많이 했다.
여러 가정 변화된 것도

기적이다.

나는 누구를 위해서
뭘 대접해야 하나?
누구를 위해 살아야 하나?
항상 생각했다.

하나님께서
몸을 바치라 하셨으니

죽으면 죽고
살면 살지
밀알 하나 죽어서
많은 열매 맺자고 생각했다.

큰오빠 임종 때,
우리는
계속 찬양하고

하나님과 오빠가
대화하시더니
집을 덮은
하얀 구름이 걷히면서
천국 가셨다.

"너희는
김치만 먹어도
토실토실 살쪘으니 됐다."

우리 아이들보다
남을
먼저 챙겼다.

나는 새를 보면서도
깨닫는 것이 있는데
깨달음을 주시는 것이
참 감사하다.

나는
남편 출근시키고
얼른 추리닝으로 바꿔 입고
밭에서 일했다.

사과 한 상자
들여놔도
부자 못지않았다.

크리스마스 때,
양말 500켤레 사서
경로당, 교회 등

여러 곳에 돌려드렸다.

어떤 회장님 댁에서
시골 어른들
여러 분을 대접했다.
부자들 덕 봤다.

날 위해
산 적이 없다.

누가 상담하면
진단과 해결 방법이
즉시 나온다.
그것이 마스터키다.

옛날엔
내가 똑똑했더라.

우리나라에서
나만큼 노력하면
못 살 사람
없을 것 같았다.

남편이 대학 때
고모님에게

신세 졌다는 소리를 듣고

고모님 환갑 때,
내가 키우던
130근짜리 돼지를
잡아서 갖다 드렸다.

지금은
내가 제일 축복 받았다.

나는 사람이 그렇게 좋다.
사람이 그렇게
사랑스러울 수 없다.
너무 사랑스럽다.

기도 받을 사람과
사랑으로
연결되어야 한다.

기도하다 보면
남자인지 여자인지
느껴 보질 못했다.

하나님이
강제로 쉬게도 해주신다.

내 축복은
돈이 아니라
깨닫는 것이 축복이다.
지혜를 많이 주셨다.

다리 밑
물 내려가는 중간에
가마니를
사방에 두르고

종이상자 깔고
사는 집에서
중풍 걸린 딸을
밤새 기도해 주었다.

저녁은 굶고
아침에 총각김치 3개
두부 두 쪽을 주어
밥 반 공기와 함께 먹었다.

우리 친정 식구들은
화, 짜증, 혈기 등이
없다.

나는 사람 앞에선

앞서지 않지만
하나님 일에는
앞장서서 일했다.

실수하지 않는다.
정신 바짝 차려서
늙어도 분별하여

칭찬이나 회유 등을 통해
필요치 않은 말
나오게 해도
속지 않는다.

떠보려 하고
미혹해도
넘어가지 않았다.

자손들이
한 번 덮고 간
이불, 요를 다 빨아둔다.

마음이 예뻐야
복 주신다.
제일 못난
나를 택해 쓰신다.

젊어서는
손이 아주 빨랐는데
나이 드니
손이 느려진다.

나는
위로를 많이 했다.
나는 신앙 얘기보다는
가정 얘기를 많이 했다.

있을수록
더 앙앙거린다.
나는 줄 것도, 받을 것도
없으니 걱정이 없다.

말로 시작해
말로 끝내야 하는데
하나님께서

말을 못하게 하시고
일 못하게 하시면서
억지로
쉬게도 하셨다.

내가 얼마나

인내하고 참나?
시험하시는 듯하다.

입학시험 같아
이 어려움을 이겨내면
하나님께서
무얼 해주실까?

기대되기 때문에
기쁨으로,
사랑으로 참을 수 있다.

남편이 볏단 들다가
허리를 다쳤을 때,

남편 살리려고
문둥이 마을에 가
뱀 50마리 사다가
약탕기에 고아 드렸다.

징그러워
안 들여다보고
버드나무로 젓다가

"남편이 먹을 건데

내가 봐야지" 하고
바짝 들여다보며 고았다.

짜서 학교 수업 사이
쉬는 시간에
작은 쪽문에 갖다 드려
마시게 했다.

또 허리 아픈 데는
자기 똥을
태워드리면 좋다고 해서

옛날 푸세식 변소에서
구더기 속을 헤집어
나무젓가락으로 집어
이들을 모았다.

섞어 물 되면
신문지, 비닐에 싸서 뭉쳐

구덩이 파고
왕겨, 나무 부스러기 위에서
태웠다.

다 타면

하얀 숯
두 덩이가 나온다.

하얀 숯 두 덩어리를
연탄불에 달궈서
소주 한 컵에 넣어
노란 액체를
마시게 해드렸다.

상상 속에 빠진
여자를 변화시키면
가정이 변화되고
나라에도
큰 도움이 된다.

난
잘못된 사람의 마음을
변화시킨다.

나는 왜 이렇게
생생한지 몰라.
너무 즐거워서
어려운 줄 모른다.

누가 알까

무서울 정도로
좋은 걸 어떡하나?

난 너무 즐겁다.
이렇게 좋은데
왜 부어터져가며 살아?

난 너무 행복하고
기도 방을 생각하면
기운이 쌩쌩 난다.

입맛이 나오고
먹어도
배도 안 부르다.

기분이
이렇게 행복할 수가 없다.
행복하려면
다 드러내야 한다.

내가 힘들었던 일.
어려웠던 일
말해 보시라.
지금은 살 맛 난다.

진짜냐? 가짜냐?
기도 안 들어 주시면
'하나님이 담을 치셨나?'
생각된다.

서산에서
실컷 울게 하셨다.

"하나님! 감사합니다.
자녀 삼아 주시니
감사합니다.

대통령부터
국민들
모두에게 지혜 주셔요.

대통령은
지혜와 명철로
나라를
잘 다스리게 해주시고

젊은이들에겐
분별의 영을 주셔서
속지 않는
생활하게 해주세요.

하나님의 지혜로
나라 이름을
날리게 해주세요.

우리나라가
잘 살아서
다른 나라
도와주게 해주세요"
기도했다.

병 낫고
안 찾아와도
기억은 나지만
서운한 건 하나도 없다.

하나님께서
조목조목
일러 주시니
실수 없었다.

나는
너무 행복한 것을
경험해 봐서
걱정이 없어졌다.

너무 행복하다
서운한 것이 조금이면
행복은 가득이다.

다 맡기고
마음 편하게 산다.

"너는 옷도 없더라.
저건 옷도 없는 것이
친정을 가도 저 옷,

시장을 가도 저 옷" 하며
정신병 환자가
나를 흉 봤다.

나는
한 사람도 미운 사람 없고
시집 식구들도
다 사랑스러웠다.

다른 사람 먹는 입이
너무 예쁘다.

밖에 한 번 안 나갔다.
날 부러워하는 사람도

있었다는 걸
요즘 알았다.

살림을
물 샐 틈 없이 했다.
흉잡힐 것 없었다.

밥 먹는 시간이면
아픈 사람
한 명 더 건져낸다.
시간 아끼려
식사를 많이 걸렀다.

나는
손에 힘이
하나도 없어
병마개 하나 못 딴다.

"그렇게 나쁜 일하고
자식들을 어떻게 봐?"
"왜 남의 것을 떼어 먹어?"

양심 곱게 사신
큰오빠가 하신 말이다.

남편 앞에서
속상하단 말
한 번 안 했다.

모든 것
다 참을 수 있는데
돈 벌어 오라면
못한다.

살아가며
지혜가 생긴다.
지혜가 요즘에 온다.

밭에 갈 때
물, 주먹밥 가져가면
좋았을 것인데

밥 먹으러
중간에 오니
공부하다 말고
조퇴하는 애와 같다.

사람은 땅에 살며
사람을 상대하니
홍수나 가시덩굴도

넘어서야 하는
세상이고 인생이다.

나 하나가
공중의 세상에 있다.

나는 주기 전에는
남에게
바라는 것이 없다.
주려니 바라지도 않는다.

하나님 믿게 된 것이
너무 감사하다.

교회 나간 지
6개월 만에
학습, 세례,
집사 다 받았다.

그 후
아직까지 실수 않고
나 혼자 체험했다.

나는 머리가
하나도 안 아파서

내 머리에
지혜를 넣으시고

공그리(콘크리트)
치셨나 보다고 생각했다.

말 한 마디,
걸음걸이 하나만 봐도,
그림자만 스쳐도
그 심령을 다 안다.

남을 위해
좋게 해주려는
생각으로 산다.

남을 위해
다 주고 싶다.
죽더라도
남을 위해 살고 싶다.

마음이 편해서
건강하고
평생 아프지 않았다.

아무것도 모르니

아프지도 않다.

뭘 알아야
욕심 부리지.
아는 것이 없어
욕심 부릴 것도 없었다.

남편이 몽둥이로 안 때리니
감사하지 않나?
집이 너무 좋아
나가기도 싫다.

나는
돈을 쓰지 않으니까
평생
없어 본 적이 없다.

나는 돈에
집중하지 않았다.

돈 없으면
큰일 난다고
생각해 본 적이 없다.

예수님이

1. 달려온 나의 길

좋은 걸 어떡합니까?

난 사람 다루는 사람이다.
노인 비위 맞추는 것이
어렵다.

영적 공격을 받으면
젊어서는
탁! 탁! 바로 물리쳤으나
나이 들어선
몸을 한 번 치고 나간다.

하나님께서
역사하시어
아이를 묶어 끌고 다니는

마귀가 떠나갔다.
기도하면
해결해 주셨다.

사람 사이에
의 상하게 하면
마귀 역사다.
예전에는 성경을 몰라서
마귀를 몰랐다.

하나님은
무능한 자식을
더 사랑하신다.

구국제단 쌓을 때,
"하나님!
난 아무것도 모르는데요,

저 권사님 댁에
문제가 있다면
해결해 주실 줄 믿습니다."

속으로 기도하면
문제가
해결됐다고 했다.

남의 다락에 들어가
밥 훔쳐 먹고 다니는
귀신들린 5살 아이는

영적으로
파리가 다닥다닥
새까맣게 붙은 것 같았다.

그 아이를 데리고 자며

밤새 기도해 주어서
깨끗하게 되어
부모에게 보냈다.

공부가
중요하지 않고
하나님 축복이 중요하다.

나 같은 사람이
이렇게 될 줄
어떻게 알았대?

기도하지 못하게
나를 쓰러뜨리려는
마귀가 있었다.

가정에서도
영적 도전 있었고
교회에서도 있었다.

뛰어넘었다는 것은
그런 걸로
상처 받지
않는다는 것이다.

난 참지만
남편과 자식은 다르더라.
말하고 싸우면
걸려들었을 것이다.

성냥개비 하나가
큰 산을 태우듯이
손을 대면
타들어 가 병이 나았다.

처음에는
병문안 가서
이불 끝을 만지며
"이분 낫게 해주세요"
기도했다.

여자 분은 손 한번 잡고
"건강하세요"
말하고 오면

호흡 못하던 사람이
호흡이 돼서
산소 호흡기를 뗐다.

후암동 옥탑방에

살게 됐을 때,

"하나님!
이것도 만족해요.
이것도 만족해요" 하며
감사했다.

이런 일하며
집안에서
사랑 받기 어렵다.

다 참았다.
감사기도 눈물도
실컷 울었다.

새벽기도는
여유 있는
시간이므로 다녔다.

일도 열심히 해가며
기도해야 한다.
엄마가
본을 보여 주어야 한다.

우리가

이렇게 잘 사는 것은
봉사를 많이 해
하나님이
축복을 주신 것이다.

옛날에는
먹을 것도 없고
입을 것도 없어서

나는
우리 집에 세든 집 애들
밥해 먹이고
동네 애들을
다 옷 기워서 입혔다.

동네 애들 때문에
뜨개질하고
바느질을 많이 했다.

바르게 사는 것을
자녀들에게
유산으로 남겨주려 했다.

깨끗하게 살며
필요치 않은 말은

하지 않았다.

하나님께서
나를 쉬지 못하게
심하게
부려 잡수셨다.

겸손해야
별나게
보이지 않는다.

나는 촌스러워서
잘난 사람에게도
자연스럽게 대한다.

식탁에서
생수가 퐁퐁 솟는
환상을 본 후

건축가 집사님의
축복권이 돌아와
큰일을 하게 됐다.

우리 음암교회에
앰프, 에어컨 등을

해주신 분들에게는
내가
죽을 때까지 갚아야 한다.

이런 정신으로 살기 때문에
내가 이날까지
건강한 것 같다.

타고난 체질을
건강하게 주신 것 같다.
나이 드니
더 깊이를 느낀다.

무슨 일이 생기면
이 일을 통해서
하나님께서
날 어떻게 쓰시려나 생각했다.

나는
아는 것, 본 것,
들은 것 없으니
화날 것도 없다.
아는 척하는 것보다 낫다.

텔레비전에서는

무엇이 옳고 그른지
누가 거짓을
말하는지가 보여
심야 토론만 봤다.

나는 에너지를
쓸데없는 데
쓰지 않았다.

내 눈물만 보면
하나님이
벌벌 떠시는 것 같다.

다 품으면
다 내 자식이다.
네 자식,
내 자식 따로 없다.

신앙 안에서
남을 위해 사는 건
보람이 있다.

나는
후회 없는 인생 살았다.
남은 생애도

계속 그렇게 살려고 한다.

우리는 행복해.
좋은 게 아니라 행복하다.
우리가 어떻게
이렇게 잘 살지?
진짜 감사해.

그러니까 내가
시간 아껴
하나님 위해
최선을 다하고 싶다.

하나님은
사람의 부모와 똑같다.
자식이 뭘 해주면
잘잘잘 하는 것같이

늦게까지
일 시키시고
날 너무
불쌍히 여기시는 것 같다.

내가 해결 못하는 것만
하나님께 기도한다.

날 건드리면
가만 안 두실 것 같다.

나눠야 하니까
좋은 건 남 주고
안 좋은 건
내가 먹는다.

내가
참 좋은 일
많이 한 사람이여.

요새 와서
지난 일들을
생각해 보게 됐다.

첫째, 하나님은
정말
무서운 분이시다.

좋을 때
잘난 척하지 말자.
좋을 때
조심해야 한다.

둘째, 예배가
얼마나 중요한지!
예배가 최우선이다.
예배 중에는
나가면 안 된다.

셋째, 옛사람 벗어버리고
새사람 되려면
마귀가 역사한다.

집안에
좋은 일 생기려면
안 좋은 일이
먼저 생긴다.

기분 나쁘면
사탄의 역사다.
받아들이는
자세가 중요하다.

마음이 즐겁지 않으면
병 된다.

지난 세월 동안
나는

내 몸에
신경을 별로 쓰지 않았다.

남에게
피해를 주지 않고
고지식하고 순진하게,
보람 있게 살았다.

밥을 사도
사랑으로 사야 한다.
난 목사님들
식사 대접하는 데서
축복 받았다.

나도 하나님이
쓰라는 것은 쓰고
쓰지 말라는 것은
안 쓴다.

과잉 친절하면서도
절제할 건 절제했다.
넘어서서
빠지지 않았다.

과잉 친절은
사랑에서 나온다.

하나님 앞의
마음가짐이
첫째, 두 무릎 꿇고
찬송하고
또 주기도문까지 드린다.

마음으론
포기했지만
말은 절대 안 한다.

둘이 상처를
같이 주고받지 않으니
남는 건 없다.

잘하는 줄 알고
또 상처 주고
누적되고 한다.

혼자만 상처 받고
하나님 앞에서
풀어내는 것,
이것이
하나님의 비밀의 정원이다.

내 마음을
내가 다스린다.
하나님 앞에서
중얼거리며 푼다.

내가 뭘 잘못하나?
내게
뭐가 맺힌 게 있나?
욕을 해도

그냥 내버려두고
조용히 있었다.
이유를 안 묻는다.
땅에서 뛰어넘었다.

마귀가 남편을 통해
날 괴롭히나
우리가
불평 불만할 수는 없다.

나를 쓰러뜨리려 해도
"왜 그러냐?"
말 한 마디 안 했다.

나의 역사!

말 많이 하지 마라.
말 일절 하지 말자.

몸은
한계가 있다.
작년부터 손이 느리다.
힘이 없다.

"여 여사라고 불러 드릴까요?
사모님이라고 부를까요?
여명근 씨라고 부를까요?
여 집사님이라고 부를까요?"

이 말이
지금 누가 주는 말인가?
분별해야 한다.

"하나님이 주신 이름
여 집사라고 불러라."
마귀에게
내가 한 말이었다.

"하나님이
오늘까지 날 쓰셨지만
내일이라도 안 쓰시면

1. 달려온 나의 길 77

행주치마 입고
살림할게요."

"하나님!
저를 힘껏 부려 잡수세요.
하라고 하시면
몸이 부서지더라도
열심히 할게요."

목사님은 내게
창세기부터
요한계시록까지
다 통달했다고
말씀해 주셨다.

마귀에게 끌려 다닐 때,
차 많이 다니는
삼거리에서
"가라! 건너라!" 해도
속지 않고 안 갔다.

젊은 사람들 앞에서
흠집 나지 않게
살아야겠다.

나는 집안일
완벽하게 한다.

마음 즐거우면
뭘 먹어도
오래 산다.

나는
즐긴다는 생각은 안하고
그저 일해야지
생각밖에 없었다.

신경 쓰면
안 된다.
그것도 힘들지 않으면
인생을 어떻게 사나?

기도하면
언젠가는
들어 주신다 생각했다.

난
하나님의 백성을
늘려주는 사람이니
하나님의 재산이다.

나는
몸에 대해선
세포 하나도 예민하다.

나는 내 것 챙기는 것에
눈이 감겨졌다.
마음이
엄청 부자라서 그렇다.

진짜 받은 사람은
받았다고
내세우지 않는다.
나같이 촌스럽고
모르는 사람이 낫다.

처음 은사 받을 때는
만물이 다 웃고
흔들리는 것 같았다.

기도를 해주다 보면
좋아지더라.
좋아지는 걸 느끼니
나도 신기하다.

은사를 너무

바라지 마라.
은사에 욕심 부리면

마귀가 준다.
나는
싫다고 해도 주시더라.

어제까지
기도 잘하다가도
내일 어떻게 될지 모르니
매일 기도한다.

평생 감사하다는 말
한 번도
안 해봤다는 사람도

내게
그분만은 감사하다고
전해 달라고
몇 번이나 하셨다.

홍콩의 한의사는
내가
침구멍을 너무 잘 안다고
놀라며

홍콩과 서울을 오가며
같이 동업하자고 했다.

속으로 생각하고
잔소리 하거나
화내지 않는다.

못된 걸 보면서
"원수가
되지는 말아야지" 하고
나를 가다듬는다.

나는 무섭게 아끼고
부지런하다.

나는 누가 잘 안 되면
너무 가슴이 아프고

불쌍하다.
미운 사람 하나도 없다.
새벽기도 가서 울었다.

2. 예수님의 인도

은혜 받고 보니
자연 하나를 봐도
아름답고

향나무도 웃고,
만물이
방실방실
환하게 웃었다.

일본 산속 전철에서
창밖을 향해
거꾸로 앉게 하셔서

목적지 방향 아닌
반대로
가고 있다는 것을
알려주셨다.

"하나님!
내가 놀다 왔어요?"

밤늦게
기도해 주고 왔을 때

남편이 뭐라 하면
속으로 하나님께
하소연했다.

"하나님의 능력을 믿으시오"
말하고는
"이 교회에
필요한 것 주실 줄 믿습니다"
기도했다.

"나는 기도도
할 줄 모르고
아무것도 몰라요."

"네가 지식이
무슨 필요가 있느냐?"
하나님께서

용기를 주셨다.

"유학이 뭐유?"
"너도
유학 보내지 않았니?"

큰아들 가족을
중국으로 보낸 후
하나님께서 알려 주셨다.

"늘 울어도
눈물로써 못 갚을 줄 알아."
"부름 받아 나선 이 몸"

'빛의 사자들이여'
'사람을 보며 세상을 볼 때'
'나의 등 뒤에서'
'내 진정 사모하는'

이런 찬양으로
은혜를 받았다.

찬양으로 은혜 받을 때는
찬양도
영권으로 해야 한다.

하나님이
주시는 축복도
사람을
통해 주신다.

하나님이 낮추시면
높일 자가 없고
하나님이 높이시면
낮출 자가 없다.

교회의 어려움을,
체험적으로,
내 몸으로 느낀다.

"하나님!
우리 교회를
지켜주실 줄 믿습니다."

"명근아! 힘을 내라!
네 눈물이
얼마나 무서운지 모른다."
하나님이 말씀하셨다.

하나님만 아시므로
"너는 절대 사람에게

인정받지 마라"
말씀하셨다.

하나님께서
교회 본당에
큰 피아노 드리라고
마음에 감동을 주셨다.

"너 다했다고 생각하니?
"하나님께서는
17년 전 일도
잊지 않으셨네요?

그걸 이제껏
안 잊어 버리셨어요?
하나님도
어지간하시네요."

"그래도 네가 해라.
너희 교회에서는
너밖에

할 사람 없다.
네가 시작했으니
네가 마무리도 해라."

"알았어요."
하나님이 시키시면
싫어도 해야 한다.
하나님 일은
막을 수 없다.

20여 년 전
교회 헌당식 때도
하나님께서
"네가 시작했으니

네가 마무리해라"
하셔서 순종해
헌당식 하는 것을
돕게 하셨다.

교인들에게
예배 중에
하나님께서
내게 감동을 주셨는데

저를 위해
기도해 달라고
부탁했다.

나를 통해
우리 교회에
아름다운
그랜드 피아노가
들어왔다.

"너희 교회에서
너 하나 선택했다."

"네가
앞으로 더
큰일 할 사람인데
이만한 고통도
참지 못하면
어떻게 할 거냐?"

초신자일 때
기도하라 하셔서
"부흥 강사처럼
다니는 건 싫어요.

당일 갔다
당일 오는 데만 갈래요."
말씀 드리니

"네 남편과의
사랑조차
뺏지는 않겠다" 하셨다

"하나님! 제가
어제는
왜 기도 줄이 안 잡혔죠?"

"너는
누가 취중에
얘기하면 듣니?"

하나님은
우리 몸을
우리보다 더 잘 아신다.

내가 말실수해도
하나님께서
안 들리게
막아 주신다.

서울에
기도하러 갈 때,
성경책 시편 1편이나
23편을 펼쳐놓고

"하나님! 집 보세요."
부탁하고 다녀왔다.

"세상이 이러니까
하나님도 세련되셔서
이해하실 거야."

흥하든지, 망하든지
둘 중에 하나니
뭐든 하게
놔두셨다가도
안 되면 고치실 것이다.

하다 죽을지라도
성도 한 명 살리려면
내가
죽어라고 노력해야 한다.

내 기도는
평생 기도다.
아침에 기분이 좋다가
저녁에 나빠지면
쌓여서 병 된다.

"하나님!

제가 어떻게
이런 일도 할 수 있죠?
감사합니다."

은혜를 받으니
강대상 양 옆에
화분 두 개 있는 것이
강대상에
꽃이 꽉 찬 것으로 보였다.

나보고
꽃 잔치 하라고
하시나 보다 생각했다.

구세군 집회 때,
강사 목사님과
방언과 통역을
주거니 받거니 했다.

"하나님!
내가 살짝
만지기만 해도
병을 잘 고치게 해주세요"
기도했다.

하나님께서
나를
더 크게 쓰실 것이다.

"하나님!
올해엔
나를 위해 살지 말고
남을 위해 살게
능력 주시면

최선을 다해
하나님 위해 살겠습니다"
기도했다.

하나님께서
살곰살곰 나를
부려 잡수셨다.

내가 잘못할 때는
얼마나 무서운
하나님인지 모른다.

혈액순환, 신경,
소화는 무엇인가?
하나님이

물 흐르듯 고치는 기술을
나에게 주셨다.

하나님은 내게
거룩, 거룩 하는 것
안 주시고
의술을 주신 것 같다.

"주의 종은
네가 터치할 일이 아니다.
안 좋은 것
보이지 않게 해달라고
기도해라."

'주시오' 하는 기도 말고
하나님을
기쁘게 하는
기도를 하고 싶다.

"하나님이
기뻐하시는 게
무엇입니까?"

하나님은
당신 자식인 우리가

보기 싫게 하고 다니면
싫어하신다.

비행기 안에서
내가 아프고, 뒤틀리고
속이 안 좋더니

쓰러진 사람이
있다고 해
살짝 만져 주었는데
나았다고 했다.

하나님께서
역사하실 수 있는
여건이 되는 것이
감사하다.

서산에 기도
받으러 온 분은
친구가
갑자기 악! 하고

놀라게 해
그대로
주저앉아서

3년을 누워 지냈다.

기도 받고
부인이 배워서
얼마나 열심히
주물러 주었는지

석 달 만에 일어나
처갓집에
타작하러 왔다.

미국 샌프란시스코에서
기도할 때,
왕 사장에게

"너는 돈을 받되,
좋은 일을 해라.
너는 내 일을 해라.
네 회사는 내가 한다."
하나님이 말씀하셨다.

그분의 사업은 번창하고
그 지역에
교회를 지었다.
하나님이 하신 일이다.

미국의 연로하신
목사님께
"무슨 선물을
가져갈까요?"

여쭈었더니
다 필요 없고
내가
선물이라고 하셨다.

요즘은
우리나라에
꼭 필요한 사람들을
기도하게 해주신다.
너무 기쁘다.

내가 더 할 일 없나
찾게 된다.
기도해 주면

죽고 사는 건 몰라도
그 자리에서
몸이 변화된다.

사람 몸을

하수도 또는
보일러라고 비유한다.

순환이 안 되면
하수도 막힌 것,
보일러 안 돌아가는 것같이
느낀다.

25년 전,
미국에서 의사가
발바닥에

모든 신경이
다 모였다는
새로운
학술이론이 나왔는데

어떻게 다루어야 할지는
모른다고 하며
나에게

그것을 어떻게
아느냐고 물었다.
하나님이
하신 일이었다.

하나님은 창조주시라.
사람의 구조를
잘 아시니

고치는 방법을 아시고
나를 통해
고쳐주셨다.

"하나님!
손힘이 없어
병마개도 못 따니

옷자락만 만져도
능력이
나가게 해주세요"
기도했다.

옷자락만 만져도
능력이 다 나간다.

하나님은
있는 돈 뺏어서라도
하나님 위해
쓰게 하셨다.

하지 말아야 할 말은
하나님이 하지 못하게
막아주신다.
말문이 막힌다.

봉사하고 싶어
마음이 요동쳤다.
"하나님, 아시잖아요."

혼자 있을 때 외롭다.
가치를 모르고
좋은 것을 몰라줄 때
외롭다.

하나님 체험 있으면
이길 수 있다.

"하나님!
오늘 필요한 말씀
주실 줄 믿습니다."

기도하고
성경 펼치면
정말 꼭
맞는 말씀을 주신다.

제주도에서
엘리베이터 타고
올라가면서

'주를 앙모하는 자 올라가
독수리 같이' 찬양하고
교회에서
집회 시작하며

"하나님! 오늘
필요한 말씀
주실 줄 믿습니다"
기도하고 성경 펼치니

이사야서 40장 31절
'오직 여호와를
앙망하는 자는
새 힘을 얻으리니

독수리가
날개 치며
올라감 같을 것이요'

바로 나와
말씀을

전할 수 있었다.

"난 아무것도 모르는데요.
이 교회에
필요한 말씀 주세요."
많은 기적을 일으켰다.

제주도 집회 중에
팔 빠진 아이가
울고 와서

방석 세 개에 눕혀
팔을 살살 붙였더니
바로 나았다.

"니는 있기만 해라.
네가 하니? 내가 하지."
하나님께서
말씀해 주셨다.
자신감이 생겼다.

순복음교회
부흥회 갔을 때
설교 준비 하나 없이
성경 읽지도 않고

"하나님! 어디 한데요?
오늘 필요한 말씀
주실 줄 믿습니다"
기도했더니

처음에는
자신감 없어
목이 자라목같이
들어갔다가

서서히
목이 바르게 서며
말씀이 나왔다.

목사님의
어려운 것을
내가
몸으로 체험했다.

큰 바다 한가운데
바위섬 맨 꼭대기에
날 올려놓고
뱅뱅 돌렸다.

바람이 몰아쳐도

잡을 것
하나 없이 돌렸다.

꺾어져
밑을 보면
바다가 보이고

휘어지면
떨어질까 봐
벌벌 떨리며
너무 무서웠다.

한참을 고생하다
"내가 왜
이렇게 애써야 하나?
죽으면 죽고 살면 살지.

하나도 안 무섭다" 하니
승리했다.

꿈속에서도
하나님께서
나를
참 힘들게 하셨다.

바다같이
넓은 마음
달라고 했더니

하나님께서
모퉁이가
파도에
계속 깎여 나간
차돌을 말씀하셨다.

계속 아프게
깎여 나가야 한다고
하셔서

어떻게 더
순종해야 하나 생각하고
하나님 앞에 기도하며
울었다.

"명근아!
네가 앞으로는
이렇게 해라.

넌 누가 알아주든지
안 알아주든지

축복을 해줘라."

"그 사람이
받아들이든지 말든지
불쌍한 사람을 위해
기도해 줘라"
말씀하셨다.

누가 알아주거나
안 알아주거나
난 너무 기쁘다.

나의 모든 것은
체험에서
왔기 때문이다.

기도하면 하나님께서
하루 품값을
계산해 주셨다.

늦으면
할증료 주셨다.
돈으로 환산할 수 없는
축복이다.

하나님께서는 내게
사람 살리는
역사를 주셨다.
사랑은
사람을 살린다.

요즘은
하나님께서 내게
환자와 똑같은 증세를
느끼게 해주신다.

의식 없이
몇 달 지내던 분이
한 번 기도 받아

의식 돌아오고
따라 왔던 분은
목 디스크가 나았다.

하나님께서
어느 날 내게
꽃을 보는
눈을 뜨게 하셨다.

하품을 시켜서

얼굴 비뚤어진 것을
바르게 만들어 주셨다.

하나님은
인격적이시다.
그때그때
하나님이 알려주셨다.

어려운 일 있을 때
기도 많이 해서
내가 엄청나게
성장했다.

때리기는커녕
말만 크게 해도
삐치는 아이에게

"아빠가 없다고
생각해 보아라"
말해주어
변화되었다.

젊은 유방암 환자를
손을 안 대고
허공에 대고

기도해 주었는데
대수술 받은 것
같다고 했다.

내가 손가락으로
예수님 그림 액자를
가리키며

예수님이
고쳐 주신다는
마음을 느꼈다.

삼 일을
손을 안 대고
기도했는데

그 구역 식구가
큰 구렁이 나가는
환상을 본 뒤

다 나아서
지금
기도원 원장이 되었다.

벙어리 말 시키는 것

참 쉽다.
입 벌리라 하고

"아, 에, 이, 오, 우"
따라 하게 시키고

"나도 말할 수 있다.
하나님! 감사합니다.
할렐루야!" 하라면
다 따라 했다.

27살 말 못하던 처녀가
"나의 죄를 씻기는
예수의 피밖에 없네"
찬송가를
5절까지 다 불렀다.

서산에서
5살 된 벙어리 아기가
기도 받고
"가!" 말해서

"어디?" 물었더니
"집에" 하고 대답했다.

꿈속에서
뱀목을 탁! 쳤더니
환자의
정신병이 나았다.

하나님께서
기도 다 드린 후에는
"예수님 이름으로
기도합니다. 아멘"

이렇게
마무리하라고
가르쳐 주셨다.

옛날 교회는
헌 교실 뜯어다가
세운 교회였다.

옛날 교회에
주전자에 물 채우고
수건 7개 빨아 가지고
매일 청소하러 갔다.

청소하고 나서
기도하는데

예수님 머리의
가시관에서
피가
밑으로 죽 흘러

발에 고인 것을
보여 주셔서
통곡했다.

눈으로 직접 보고
예수님에게
애착심이
많이 생겼다.

하나님께서
지혜 주셔서
교회에서 꽃꽂이 했다.

하나님 일은
순간적으로 달라진다.

몸이 떡가루같이
부드러워지기도 하고
기도 받고
눈이 커지기도 한다.

몇 년 만에 만난
어떤 권사님은
50일 동안
물 한 모금
못 먹던 아들이

기도 받고
바로 라면
끓여 달라고 해서
먹고 다 나아

결혼해서
아이까지 낳았다고
감사했다.

20년 전쯤
북경의 호텔에서
한밤중에
복도에 세우시고

사방의 창문으로
도시를 보며
밤늦게까지
기도하게 하셨다.

"네가 바라보는 곳마다
하나님의
빛이 들어간다"
말씀하셨다.

"네 것 채우기 좋으냐?
베풀기를 원하느냐?"
하나님께서 물으셨다.

믿은 지 6개월 만에
보는 눈이 달라졌다.
가짜, 진짜를
분별하게 하셨다.

"너, 이 집 안 팔린다.
하나님의 성전이다."

예전에
집을 옮기려 했을 때,
하나님께서 말씀하셨다.

"이것도
없는 사람도 있으려니
감사합니다."

기도 시작 후
17년 만에
그 터에
새 집을 짓게 하셨다.

우리 동네
점쟁이들
다 없어졌다.

절 8개 지은
점쟁이는
"내가 저 사람에게 졌어."

하나님 신이
자기 신을 눌렀다고
말했다.
내가 전도해
우리 교회 다녔다.

절 앞을
지나갈 때마다
"사탄아!
예수 이름으로 나가라!"
기도하니 없어졌다.

기도할 때,
영적 싸움이
기침이나
숨찬 것으로

나타나기도 하는데
다 이겨
나가게 해주셨다.

기도해주며
작은 술잔을 탁! 쳐서
땅에 떨어지는 것을
환상 속에 봤는데

그때부터 그분이
술맛이
딱 떨어졌다고 했다.
나중에 교회를 지었다.

정신병 환자
기도해 주고
인천에서 오다가

혼돈이 와
길을 잃었을 때,

조용히
그 자리에 앉아서

"하나님!
집에 가는 길
좀 알려 주세요"
기도하니

갑자기
눈이 환히 뜨이며
내가 있는 곳을
알게 하셨다.

"하나님 뜻이라면
감사합니다.
하나님 뜻이 아니라면
예수 이름으로
물리쳐 주실 줄 믿습니다."

힘들 때,
"하나님!
제게 뭘 원하십니까?"
여쭤봤다.

큰아들이

대학에 합격했을 때
다음날 첫차에

등록금 갖고
서울 가야 하는데
상갓집에 가서
밤늦게야 연락 받았다.

그날 새벽 기도에서
하나님께서

"네 형제
등록금 할 때는
네가 신경 썼지만

네 자식
등록할 때는
네 남편이 한다.
신경 쓰지 말라" 하셨다.

정말 아침 일찍
서무직원이
전날 농협에 넣으려다

늦어서

못 넣은 돈을
가져다주어서

아들 주어 보내고
농협 문 열자마자
갚아 드렸다.

하나님께서는
종일 일한
나를 끌어내셔서

앞으로 이럴 거다,
저럴 거다
일러 주셨다.

형제마다 눈이 한쪽씩
감겨진 집안 위해
"하나님!
불쌍히 여겨주세요"
기도하니

"난들 마음이
안 아프겠느냐?
내 자식들이
그렇게 됐는데"

하셨다

집안에
눈을 못 뜨게 하는
마귀에게
"요것 봐라!

너 하고 싶은 말 있으면
다 해봐라"
하고 예수 이름으로
내쫓았다.

대성통곡하고 난 후
"하나님, 감사합니다.
이 가정에
역사해 주셔서 감사합니다"
기도 드렸다.

몸에서
냄새가 많이 나서
'좀 씻어라' 했더니

내 몸에서
그 아이의 냄새가
그대로 옮겨와서

한동안 고생했다.

그때, 하나님께서
"너는 별거냐?
남을 흉봐선
절대 안 된다"

말씀하셔서
"제가 잘못했어요"
회개했다.

그 집의 청소,
밥 해주고
김치를 담가 주었다.

식구가
다 눈 떠서
결혼도 했다.
유전병이 끊어졌다.

기도할 때,
심령 치료는 말로,
몸은 만지는 기도로

동시에

역사하는 건
영이 많이 센 것이다.

"넌 사람에게
칭찬받지 마라"
말씀을 직접 주셨다.

자기 머리에
대못을 박고
서산까지
이십 리 길인데

중간 중간
경운기를
묶었다는 사람은

예수 이름으로 물리쳐
완전히 나았다.
예수 이름만이
이길 수 있다.

"지금까지
네가 한 것보다
앞으로
더 많이 쓰겠다."

기도 중에
하나님께서 말씀하셨다.

배에 손을 대면
암 같은 것이
녹아진다.

장이나 위에
뭉친 것을
녹여서 낫게 한다.

기도 받고
혹이 떨어져
대야로
하나 가득
쏟은 사람도 있다.

하와이 힐로의
용암이 흐르다
굳어진 것을 보고 있을 때,

"네가
이런 큰일을 한다"
말씀하셨다.

굴삭기같이
아스팔트를
뚫는 역할이다.

하나님께서 내게
"아브라함의
축복권과

뱀을 잡으면 지팡이가 되고
지팡이를 놓으면
뱀이 되며

그걸 들면
홍해를 가르는
모세의 능력을 주겠다.

네가 문을 닫으면
열 자가 없고
열면 닫을 자가 없다.

하나님 주시는 축복은
누구도
막을 수 없다.

네게

아무데나 갖다 대면
문이 열리는
천국 열쇠를 주겠다"
말씀하셨다.

개인 문제 상담해
가르쳐준 대로 하면
금방 해결되는 것이
천국 열쇠다.

"아브라함이
뭐하는 사람이에요?"
내가 여쭤보니

"하늘의 별같이,
바다의 모래같이
너는 자식이 많다.
너는 축복의 통로다"
말씀하셨다

등이 깊이 갈라져
참을 수 없어
기왓장으로
긁는 욥의 인내와

터키, 그리스
성지순례 중에는
사도 바울의 열정도

내게 주셨다고
기도 방 식구들이
말해 주었다.

3. 사람과 영적 생활

온도가 뚝 떨어지면
다시 올리기 어려운 것같이
영이 오염되면
다시 회복하기 힘들다.

성령을 거스르면
회복하기 어렵다.
영적으로 뺏기는 것은
무섭다.
체험 있어야 무장된다.

'하나님은 사랑이시라'
사랑만 하면 다 된다.

하나님 축복은
난데없이 날아들어 온다.
마음으로 감사하면
축복이 온다.

더 크게 축복 주시려니

그저 감사해야 한다.
하나님 축복은
막을 사람 없다.

하나님 뜻대로 살다 보면
축복이
뒤에서 대기하고 있다.

축복도
받을 때가 따로 있다.

하나님이 축복 주셨는데
어떻게 해야
하나님을 기쁘게 하나?

큰 축복이 오려면
먼저
큰 시련이 온다.
잘 이기면 된다.

"제가 잘못했어요.
참 감사해요."
말해야 하는데
감사할 줄 모르는 사람은
축복이 없다.

한 번 은혜 받으면
잊지 말고
계속 갚으려는 마음 가져야
축복의 끈이 이어진다.

감사가 축복권이니
자꾸 감사해야 한다.

지금 보이는 축복은
앞으로 올
축복의 그림자다.

다 하나님께서
하셨다는 걸
깨닫게 된다.

모습, 모습만 찾으면
감사가 없다.
축복권이 없다.

감사가 축복의 길이다.

복 받을 짓을 해야
복 받는다.
바른길 가면
축복 받는다.

복을 받을 그릇이 돼야
복을 받는다.
그런가 하면
축복을 옮기시는 것도
순식간이다.

축복권이 없으면
평생 어렵게 산다.
솔직해야
축복권이 열린다.

하나님이 크게 쓰시려면
시련이 아주 크게 온다.
재물이나
남편, 자식 통해 시험한다.

감당할 만한 시험을
주신다 하셨으니

어쨌든
기도하며 이겨나가야 한다.

무거운 안개가
가라앉은 것같이
착잡했는데
회개하니
점차 회복된다.

믿는 사람들은
잘못했을 때,
"하나님! 제가
잘못했어요" 하고
바로 회개한다.

회개 자체가
하나님을
거룩하게 하는 것이다.

괴로울 때,
하나님께 회개하고
마음을 풀면,
삶이 좋아진다.

하나님께서
무섭게 따지시는 것처럼
느껴질 때가 있다.
얼른 회개해야 한다.

신앙생활하면서
회개하지 않으면
기쁨이 없다.

사람은
죄 짓고, 회개하고
또 죄 짓고 회개하지만
죄 짓지 않으려고
몸부림쳐야 한다.

순간적인 죄는
마귀 역사니까
하나님께서
회개하면 용서해 주신다.

사람이
세상 것으로 가득 차면
하나님이 들어갈
자리가 없다.
회개가 중요하다.

잘못했다고
하나님께 말씀 드리고
기도할 때
마음 아픈 것이 회개다.

잠깐 의심해도
회개해야 한다.
영이라
속으로 종알종알 하는 것도
다 들린다.

회개하면
바로
어두움이 없어진다.

화날 일 있어도
바로 회복된다.
회개는
감사하는 것이다.

회개해서
심령이 변화되면
하나님께서 역사하신다.

"하나님! 잘못했어요."

자기 속상했던 것
종알종알 숨기지 않고
말하면 회개다.

양심을 속일 수 없으니
몸을 위해서라도
회개해야 한다.

마귀가 우리 속에서
도사리고 있으니
요동치고
머리도 아프다.

하나님께
말씀 드려야 한다.
그것이 회개다.

분통 터지는 것을
회개해야 한다.
회개는 내 잘못을
하나님께 조잘조잘
이르는 것이다.

회개가 쉽다.
회개가 필요하다.

슬픔, 외로움 등이
묶이면
기도로 풀어야 하고
풀어지면

그 밖의 것은
자동으로
술술 풀린다.

마음이 여린 사람은
누가 상처를 주면
정신이
안 좋아진다.

속으로 기도하면
마음이 차분해진다.

내가 죽는다는 사람은
살 것이요,
산다는 사람은
죽을 것이다.

사람 눈은 속여도
하나님 눈은 못 속인다.

주위에서
다동다동하며 설득해서
잘못된 것을
바로잡아 주어야 한다.

인간 세상 넘어서니
영이 강해지고
번성하게 된다.

고양이가
큰 쥐는 한번에
잡아먹는데

생쥐 여러 마리가
왔다 갔다 하면
먹지도 못하고
기운만 빠진다.

담대한 믿음이 있는가 하면
사람을 의지하는
사람도 있는데
사람을 의지하면 안 된다.

믿는 사람은
마음이 예뻐야 한다.

새벽기도 잘 가는 것보다
마음이 더 중요하다.

하나님께서 주시는 것은
사랑과 감사,
평안, 기쁨, 소망 등이고

마귀는
슬픔과 고통,
불안, 미움, 불평, 불만,
원망 등을 준다.

마귀는
혼자 일하는 것 아니다.
하나님이 같이 일하신다.
마귀는 종이 호랑이다.

목회자는
강대상에서
집중 기도하고
심방과 전도를 해야 한다.
열정으로 해야 한다.

목회자는 성도를
암탉이 병아리 품듯

품어야 한다.
속 썩이는 성도는
더 품어야 한다.

억울한 소리를 하거나
속을 썩이거나
목사님에겐 다 자식이니
다 품어야 한다.

목회자가
먼저 변화되어야
성도가 따라서
변화된다.

거듭나는 것보다
말씀이 속에서
살아 움직여야
변화된다.

구원은
믿기만 하면
되는 것이 아니다.

하나님 사랑으로
능력이 나타나야 하고

말씀이 속에서
살아야 한다.

설득시켜야
변화되는데
속에서
하나님의 말씀이 살아야
병이 낫는다.

자기가
하나 끊지 못하는 것,
그것을 끊어야 한다.

그래야 깨어져
변화된다.
예수 믿는 사람만이
변화된다.

설교 중에
눈을 아래로 뜨면
잡음이 들어간다.

믿음으로
욕심 없이
분별하며

살면 된다.
기본이 돼 있어야 한다.

나는
헌신 예배드릴 때
이렇게 기도한다.

"하나님 아버지!
저희를
특별히 사랑해 주셔서

헌신예배 드리게 된 것을
감사드립니다.

여전도회 회원이 된 것을
감사드립니다.

우리 여전도회를 통해서
세계 방방곡곡에
하나님 나라가

확장될 것을 믿습니다.
예수님 이름으로
기도 드립니다.
아멘."

정히 안 풀리면
내가 어디서 막혔나
살펴봐야 한다.

하나님 일은
잡음이 생기게 되어 있다.

영적 세계는
재미있다.
영적으로 잘못하면
이단으로 몰린다.

애들에게는
칼을 안 주듯이
영적 싸움도
상대기 돼야 싸운다.

영적 살림과
가정 살림을
다 잘해야 한다.

바치고 나면
하나님 것이니
아까워하면 안 된다.

헌금하고
시험 들면 안 된다.
기쁜 마음으로 해야 한다.

교회도 유지비가 드니
성도는
헌금을 드려야 한다.

살면서는
하나님께
뭔가 드려야 하지 않겠나?

교회는
단체 생활이므로
감사헌금, 주일헌금,
십일조 등을 내야 한다.

헌금을
투기하듯 하면 안 된다.
헌금해 놓고
축복을 바라면
안 주신다.

돈도 깨끗한 돈,
노력한 돈을

하나님께 바쳐야 한다.

물질 헌금도
잘못하면
축복이 안 될 수도 있다.
십일조도 마찬가지다.

헌금한 사람은
교회에 애착 있다.
교회에서
필요한 것이 보이는 사람이
헌금하게 된다.

교회에 애착 있으면
부서진 것,
고칠 것이 보인다.

교회에 봉사하는 사람은
하나님만
알아주시면 된다.

교회 돈은
아껴 써야 하고
교회 물건도
내 것보다 더 아껴야 한다.

하나님이 얼마나 무서운지!
교회 돈은
무서운 것이다.

교회 돈을
교묘하게
이용하면 안 된다.

교회의 것은
이용해서도
이용당해서도 안 된다.

교회와 목회에
손해 끼치면 안 된다.
교회는
의논이 중요하다.

교회 돈은
아낄 것은 아끼고
쓸 것은 써야 한다.

교회 다니고
봉사하는 것,
자체가 문제 아니고

사랑이 없어서
기쁨 없는 것이 문제다.

사랑이 없으면
재미있게
봉사할 수 없다.
교회 봉사는 늦어서 그렇지
복을 받는다.

건축 헌금하면
자손이
활기차게 살게 된다.

벽돌 한 장이라도
내 것이
들어간 것이 좋다.

하나님께는
있으면 내고
없으면 못 낸다.
은혜가 돼야
봉사도 한다.

어떤 사람은
자기가

문제 내고 답하면서

큰 바위를
흔들어 놓는 것같이
다른 사람을
힘들게 하기도 한다.

주기도문과
성경 말씀이
지혜다.

신앙 있다면서
"예수님! 주여! 찾으라니
꼭 그래야 하나?"
생각하는 사람도 있는데

하나님께서
당신을 부르는 것을
얼마나
기뻐하시는지를 알아야 한다.

하나님께서
얼마나
영광을 받으시는지 모른다.

교회 일은
즐겁게 해야 한다.
교회 위해
앞으로 나아갈 것을
연구해야 한다.

교회는
이유를 묻지 말고 다녀라.
교회는
따지는 곳이 아니다.

교회 일은
도와주지는 못할망정
방해는
하지 말아야 한다.

체험적이지만
교회 일은
방해하면 정말 무섭다.

교회를 핍박하면
하나님께서 손대시고
몽둥이로
때리듯 하신다.

핍박은
겉으로 하나
속으로 하나 마찬가지다.

교회 핍박하면
하나님 마음이
너무너무
찢어지게 아프시고

핍박한 사람은
영이 비뚤어지니
몸도 비뚤어진다.

중풍 걸릴 뻔한
사람도 있었다.
이 자리는
무서운 자리다.

얼굴부터
중풍 왔는데
"하나님 뜻대로 하십시오"
하라고 회개시키니

몽둥이로
때리듯 하시고

다시 여며 주셨다.

교회가 잘못되면
가정도
문제가 생긴다.
자식이 잘못된다.

가정이 잘못되면
교회가
잘못된 것이다.

교회 열심히 다녀도
영적 눈을 떠야
속지 않고
손해 보지 않는다.

목사님은 찬양을 크게,
많이 불러야
하나님께 영광된다.

찬양에서
은혜 받아야
지역 놓고 기도해도
사역이 된다.

지역에
빛이 들어간다.
복음이 전파된다.

찬양에는
생명을 넣어야 한다.
가사만 외우지 말고
혼과 영혼과
생명을 심어야 한다.

찬송을
3번 부르면
사탄이 물러간다.

하나님 편에 서고
항상 속으로
찬송하며 다녀라.

나 하나가 즐거워야
찬양이 나오고
복음도 전해진다.

찬양은
자기가 하나님께
올려드리는 것이니

성심성의껏 해야 한다.

찬양은
하나님 일이므로
피와 땀방울,
생명을 내놓고 하는 것이
목회자다.

사랑의 교회는
마치 집에 있는 것 같고
쉬는 곳,
별장 같다.

소박맞은 사람도 오라!
아무나 들어가
쉴 수 있다.
수많은 사람의 별장 같다.

부모는 희생하지만
부모가 부자면 자손이
좋은 것같이

목회자가 고생하면
교인들은
정말 좋다.

교회는 하나님이 지으신다.

큰 교회에는
알곡과 가라지가
섞여 있게 마련이다

교회를 위해서도
애태우지 말고
기도만 해라.

목사님도
당신 욕심 위한 것 아니고
하나님 일이니

사탄의 세력이
다 달려들어도
이름을 남기는
순교나 다름없다.

진심으로
하나님을 위해
성전 건축하니
벽에서도
사랑이 넘쳐흐른다.

3. 사람과 영적 생활

사랑하는 게
쉬운 일 아니다.
에너지를
다 쏟는 목사님 드물다.

사랑이 있어야
에너지를 쏟게 된다.
하나님께서
목사님을 키우시는 것이다.

하나님께서 하시면
땅 터지는 듯한
어려운 일도
금방 술술 풀린다.

목회는 사랑이 있고
욕심만 없으면
성공한다.
목회자는
욕심 있으면 안 된다.

우리는
사람 사는
세계에서 살지만

목사님은
마음을 다 비우고
욕심이 없어야
목회에 성공하신다.

목사님은
하나님이 먹여 주신다.

목사님은
누가 뭐라 해도
강대상에서

'죽으면 죽고
살면 살지' 하고
매달려서
기도해야 한다.

우리 목사님이
뒤처지게 보이실까봐
양복, 넥타이 등을
해드려서
내가 복 받았다.

목회는
직업적으로 하면 안 된다.

교회가
기도를
많이 해야 한다.

교회에서
안 좋은 말을 하면
"사탄아!
예수 이름으로 물러가라!"
속으로 기도해야 한다.

교회는
사탄이
역사하기 전에
기도로 막아야 한다.

교회 일은 무섭다.
교회에는
사탄이 역사하기 때문에

'그렇더라'
말을 하지 말고
기도를 해야 한다.

교회에서
사탄이 역사하지 않게

해달라고 기도해야
자기가 축복 받는다.

교회는 어려울 때
더 기도해야 한다.

교회는
목사님 것도,
그 누구의 것도
아니다.

교회는
사람 비위를
맞추는 곳이 아니다.

교회 일은
즐겁게 해야 한다.

교회가 크고
잘 되는 것처럼
좋은 일 없다.

이리저리 따지고
계산하는 사람은
교회 건축 등

3. 사람과 영적 생활 117

큰일을 하지 못한다.

사람이 죽어져야
교회 건축한다.

신앙은
진실성 없으면 안 된다.

진실성 없으면
목사도, 신도도
복을 받지 못한다.
있는 그대로
다 내놓아야 한다.

진실한 사랑은
잘 박힌 못같이
흔들림 없이

꽉 박혀 있어야지
진실 없으면 요동친다.

교회 개척은
하나님 앞에
기도를 많이 해야 한다.

하나님 말씀
전파하는 것이 어렵다.
영적 싸움이기 때문이다.

교회가 축복 받으려면
하나님 앞에
바로 서야 한다.

목회는
마무리를 잘해야 한다.
목사님 위해 하나님께
지혜 주시라고
기도 드려야 한다.

교회는
첫째, 지혜를 배우는 곳
둘째는 즐겁게,
기쁨을 회복시키는 곳이다.

정말 힘들고
어려운 길이
목회자의 길이다.

교회에서
제일 잘하는 사람이

가시가 될 수 있다.

권사, 장로는
명예가 아니고
봉사하며
책임지는 자리다.

교회에
뭐든지 없으면
해놓는 자리다.

교인들의 본이 되어야
하나님 나라가 확장되며
그래야
교회가 부흥되는 것이다.

장로는
얼마나
어려운 자리인지 모른다.
장로는 권력이 아니라

철저한 봉사 역할이다.
교회 살림을
잘 해야 한다.

하나님이 할 것,
하지 말 것
문제 내고 답 내신다.

교회 가서
은혜 받아야
축복권이 있다.

교회에서는
내세우면 안 된다.

교회에서
축복 받아야
가정도 축복 받는다.

내 자식 위한 기도보다
교회를 위해
더 많이 기도해야 한다.

교회는
기도하는 사람이 있어야 한다.
성도들이 기도 안 하면
목사님이 막힌다.

교회 싸움은

영적 싸움이다.

영적 싸움은
말만 안 하면 된다.
누군가가
희생해야 한다.

교회는
기도만 하면 된다.
하나님은
숨겨진 비밀이다.

교회 일은
하나님 일이고
숨겨진 일이어서
고통 받게 되어 있다.

교회에서
하나님 일 잘하시게
우리가
기도해야 한다.

"우리 교회를
잘못되게 하는 귀신아!
예수 이름으로 물러가라!"

기도하면
나도 살고,
교회도 살고
교회의
어두움이 물러갈 것이다.

교회가
성령 충만하지 않으면
분위기가 가라앉는다.

교회가 시험 들면
부흥이 안 되고
기도도,
찬송도 안 나온다.

교회는
하나님을 기쁘게 해야 하고
교인을 기쁘게
해줘야 하는 곳이다.

교회에서
상처 받으면
깊게 내려간
뿌리가 썩어

이겨 나갈 수 없다.
감당할 수 없는
상황이 된다.

교회 가서 기분 좋으면
으등거리던
얼굴도 펴진다.
주일이
제일 즐거운 날이다.

교회 가서 앉으면
마음이 참 편하다.
교회가 편안하면
가정도 편안하다.

마음이 편해야
교회에 와도 은혜된다.
교회가 충만해야
가정이 축복 받는다.

교회나 가정이 다
흔들리면 안 된다.
교회는
흔들리지 않고 다녀야
축복권이 있다.

교회 부흥은
성도가 시킨다.
순교가 따로 없다.

교회는
가난하고, 병들고,
힘든 사람이 많이 온다.

성도들이
복 받으려면
심술이 없어야 한다.

젊은이들은
교회를 위하는 열정과
아끼는 마음이
있어야 하고
봉사해야 한다.

교회는
사람 보고 다니면 안 된다.

신앙생활은
겸손이
제일 중요하다.

살림해가며
교회 다니는 것을
불평하면
하나님 보시기에
다 헛수고다.

교회 일은
칭찬 받으려 하면
안 된다.
목회자와 가까이하려고
할 필요도 없다.

교회는
걱정할 것 없다.
'어느 날 하나님이
길을 열어 주시겠지,

하나님이 하시겠지' 하고
기도만 해라.

교육은
어른들을
정성껏 대접하는 마음을
갖게 하는 것이다.

더구나 교회는
사랑이 넘치는 곳이니
잘 대접해야 한다.

요즘은
애들이 어른에게
인사를 안 한다.

교회에서는
먼저 인사하는 것이
품는 마음이다.

교회는
누구나 오는 곳이 아니고
특별히 선택 받은
사람들만
다니는 곳이다.

교회는 보이지 않게
축복권을 갖고 있다.
그 축복을 받으려면
하나님이
기뻐하시는 일을 해야 한다.

교회에 가서

봉사할 때,
기쁨으로 하지 않으면
은혜 받지 못한 것이다.

거듭나지 않으면
평생 기쁨 없다.

교회에서
은혜 받지 못하면 문제 있다.
내가 어디서 막혔나?
발견해
얼른 풀어야 한다.

기도로 물리쳐야 하는데
생각이 다른 사람에게도
"안녕하세요?"
인사는 해줘야 한다.

성도가
은혜가 안 되면
땅만 바라보며
목사님과

눈을 부딪치지 않는다.
교회 분위기가 좋아야

은혜를 받는다.

목회자가 성도를
잘 살펴봐서
그 마음에
여유 있는
사람인가 봐야 한다.

마음에
여유가 없으면
말씀을 받아먹어도
살이 되지 않는다.

목회자가
바로잡아 줘야 한다.
그것이 분별이다.

교회가 잘 돌아가야
성도가 축복 받는다.
하나님 나라가 확장되고
하나님 백성이
늘어나야 한다.

우리가 기도해야
목사님이 복 받으신다.

목사님을 대접하고
순종해야 한다.

교회 일은
하는 사람이 애착심 있다.
교회만 나간다고
축복 받는 것 아니다.

교회 부흥 위해
교회 가서 기도해야 한다.

성지순례하면
보고 듣는 게 많아
설교가 좋아진다.

목사님이
사람들에게
말려 들어가지 않는 것이
아주 중요한다.

교회 일은
나 아니면
안 될 것 같아도
나보다 더 좋은 사람이
봉사하게 된다.

봉사 안 하면
기쁨이 없다.

교회 일은 돈보다
옳고 그른 것을
밝혀야 한다.

교회가 하나 되면
나라도 안정된다.
나라가 잘되어야
모든 게 잘 된다.

목회자는
내가 살려고
몸부림치지 말고
다 하나님께 맡기고

기분 좋게
목회 일을 해야 한다.

교회는
영적 생활하는 곳이기 때문에
전기선이
연결된 것같이

사랑이
연결되어야 하는데
다 품지 않으면 안 된다.

비전센터에
사람들이 와서
기도도 하고
쉬게도 하고
공부도 하게 하고 싶었다.

목회자에게
잘 하면서도
미혹의 영이 침투해
교묘하게
좀먹는 경우도 있다.

교회에서
자리 잡고
일할 수 있다는 것은
말할 수 없는 행복이다.

한국 교회에서
빛의 역할을 하는
목사님도 많다.

기독교가
사랑 넘치게
변화되어야 한다.

서로 사랑하고
도와주는 것이
기독교이다.

자기만
위해 사는 사람은
있으나 마나 한
사람이다.

사랑 없으면
기도할 수 없다.
기독교는
사랑이 제일이다.

새벽기도가
중요한 것 아니라
마음이 중요하다.
새벽기도는
하나님과 나 사이가 중요하다.

교회 안에서는

눈을
초롱초롱하게 다녀야 한다.

교회는 다 똑같지,
유명한 교회가 어디 있나?

시골 교회에선
영어 듬성듬성 넣어가며
설교하면
못 알아듣는다.

설교는
하나님 말씀이니
은혜라고 생각해야 한다.

교회가 제일 좋더라.
교회는
함부로 못한다.

서산의
다른 교회 권사님은
우리 교회 건축했을 때
강대상 헌납하고
큰 축복을 받았다.

에어컨 3대
헌납한 분에게는
10년 기다렸다가
축복 주셨다.

교회 다니는 사람이
시기, 질투 더 많다.

교회에서
분열하는 것은
상처 주려고 하는 것이니
넘어가지 말아야 한다.

영적 세계에선
길이 다르기 때문에
안 싸울 수 없다.
교회는
클수록 싸움 많다.

교회 운영은
장로들이 한다.
목사님은
"제가 뭘 압니까?"
하며 순종만 하면 된다.

목회는
공부 많은 것 소용없다.
촌스러워도
진실한 사랑만 있고
욕심 없으면 성공한다.

교인들이
무얼 드리면 감사하지만
안 사준 사람들에게
더 잘 해야 한다.

"성도님들!
맛있게 드셨어요?"
이 한마디가
마음을 움직인다.

여러 곳의 무당들이
교회로 돌아왔다.
자손들도
다 교인이 되었다.

목사님 보지 말고
신앙에서의
분별을 잘해야 한다.
조심을
많이 해야 한다.

교회에서
은근히
분란 일으키는 사람 있다.
남을 공격하다가
자기가 넘어진다.

끝까지 품어
거듭나게
변화시켜야 한다.

마음 놓으면 안 된다.
교회 분위기를
흐려 놓으면 안 된다.

교회를 위해서라면
죽어도 후회 없고
죽으면 이름난다.

문제 있는
사람들도 모이니
교회는
고물상과 같다고 할 수 있다.

새사람이
쏙쏙 빠져나오는 곳이
교회다.

믿음 있는 사람은
보이지 않는
희생을 드려야 한다.
자기가 가진 기술로도
봉사해야 한다.

"무엇이든 하나님 뜻대로
해 주세요"
기도해야 한다.

기도하는 사람을 건드려도
하나님이
그냥 두시지 않는다.
영의 눈을 뜬 사람만이 안다.

"하나님 안에서 노력하고
다른 사람에게
희생만 해봐!
안 되는 일이 없다."

하나님께서

유익함과 소망을 주신다.

남 위해 기도해 주면
남도, 나도 축복 받는다.
내 일이 네 일이고
네 일이 내 일이다.

하나님 믿는 사람은
이것저것 다
하나님께
맡기고 살아야 한다.

신앙에서
큰 강 하나 있는 것이
연단이다.
그것을 넘어서야
빛을 보게 된다.

아니면
어둠 속에 헤맨다.
순종만 하면 된다.

말씀대로 살면
실 헝클어진 듯
어려운 일도

살살 풀어 주신다.

예수님은
나무 십자가를 지고
걸어가셨지만

우리는
십자가 대신
정신적인 고통을
겪어 나간다.

신앙 가진 사람은
죽어져야
하나님 뜻에
맞는 것이다.

땅 끝까지
복음을 전할 때,
먼저 먹을 것을
해결해야 한다.

전쟁 없이
사이좋게 사는 것이
하나님의 뜻이다.

하나님 역사를
한 번 체험한 후에는
성령을
거스르지 말아야 한다.

"하나님 뜻대로
살게 해주세요.
도둑질하지
말게 해주세요"하는 기도는
시간 낭비다.

내가 노력하면 되지
되풀이하면 안 된다.

"자손들이 하나님 영광
가리지 말고
영광 돌려 드리게 해주세요."

이 기도에
자손을 위한 기도가
다 들어 있다.

회개,
교만의 시대는 지나갔다.
잘났다고 내세울 때가 아니다.

공평한 시대가 왔다.

앙! 하는 하품은
우는 사자 같다.

기도 많이 해야
잘못되는 것을 막는다.

하나님은
보이지 않으시므로
사람들이
하나님을 찾게 하시려고

사람들 사는 것이
힘들게 돼 있다.

바라는 것의 실상이다.
알 사람만 안다.

하나님은
질투, 시기도 없으시고
우리에게
고루 다 잘해 주신다.

그렇다고

나만 잘해
주신다고
잘난 척하면 안 된다.

신앙은
차든지 뜨겁든지 해야 한다.
마귀에게도
인정을 받아야 한다.

한 번
하나님을 체험했으면
화끈하게
믿음으로 나아가야 하는데
아니면 어렵다.

깊은 신앙은
찰싹거리지 않지만
얕은 신앙은 찰싹거린다.

감사 눈물은
햇빛 반짝하듯 하나
분통 터지는 눈물은
독이 들어가 눈이 붓는다.

감사 눈물은

하나도 붓지 않는다.
감사, 감사해야 한다.

감사가 통로다.
"하나님!
오늘도 건강 주셔서
감사합니다.

하나님을 알게 되어서
감사합니다."

즐겁게 사는 것은
마음에 달렸고
마음이 넓으면
하나님께서 그릇대로 쓰신다.

"하나님! 저 사람들을
불쌍히 여겨 고쳐 주세요."
나라에
보탬이 되는 사람을 위해
기도해 주어야 한다.

신앙 은혜 받는 자리는
양보할 수 없다.
어쨌든

심은 대로 거둔다.
그릇대로 거둔다.

노력 있으면
하나님은
어마어마한 것을
주려 하신다.

더 좋은 것
주시려고
하나님은 계획하신다.

내가
완전히 죽으면 되는데
사역이나 봉사보다
자기 죽이는 게
더 어렵다.

집회 가서
은혜 받고 나면
집에 와서
쏟을 일 생긴다.

영이 살면
모든 것이 다 있다.

3. 사람과 영적 생활

마음의 중심이 중요하다.

사랑은
통일과 같다.

원수를
사랑하라 하시는데
이유를 따지지 말고
사랑해야 한다.

지식인은
왜 사랑해야 하나?
따지는 생각을 한다.

거듭난 사람은
원수를
사랑하게 된다.

성경은
생각을 하며 읽어야 한다.
성경 한 구절만 봐도
설교가 많이 나온다.

새벽기도 다니면서
남편 미워하면

축복권 없다.

남편 한 사람
변화시키려면
눈물 기도
3시간 이상 드려야 한다.

지금 세상이
어떤 세상인데,
속지 않는 생활해야 한다.
영적 전쟁이
심한 세상이다.

사람은 가증스러우나
하나님은
인격직이셔시
옛날 잘못한 것을
알려주지 않으신다.

하나님께
맡기기만 하면
꾸고 살지 않는다.

하나님 믿는 사람은
하나님께

다 맡기고 살아야 한다.
기쁨을 회복해야 한다.

기도 많이 하는 사람만이
세상을
꿰뚫어 볼 수 있다.

어려움이 있을 때,
기도하며
해결하다 보면
성숙해진다.

하나님이 함께하시니
문제가 다 해결된다.
하나님께서 다 해주시니
그저 감사할 뿐이다.

영적 세계가 어렵다.
기도만은
강해야 한다.
체험이 있으면
강권적으로 믿게 된다.

하나님을
붙들고 살면

어떤 것도 이길 수 있다.

신앙은
어떤 역경도
이겨 나가는 것이다.

속이 부글부글 끓어도
참고 살아야 한다.
하늘나라를
소망하며 사는 것이다.

걷다가도
한 발짝 멈추면서 생각한다.
이것이 마귀 발짝인가?
하나님 발짝인가?
영 분별해야 실수 없다.

영 분별한 뒤에는
화합해서
사이좋게 지내야 한다.

영의 눈을 뜨면
속지 않는 생활하게 된다.

영 분별을 하면

한눈에
문제 있는 것을 느낀다.
영 분별 하는 사람은
말을 줄인다.

성령 체험이
중요한 것 아니다.
마음이

가다듬어지지 않으면
어린이에게
칼 주는 것과 같다.

성령 체험하려면
마음을
얼마나 갈고 닦고,
갈고 닦아야 하는지 모른다.

"아하!" 할 때
감동이 온다.
성령 충만보다
열정이 있어야 한다.

선교는 자기는 못 먹고
못 쓰고 하는 것인데

자기 할 것 다 하고는
선교하기 어렵다.

선교는
악한 사람을
선한 사람으로
변화시키는 것인데

선교하기 이전에
가정에서의 사랑이
최우선되어야 한다.

이 세상에
내가 있어야 선교도 있다.
제 가정도 못 지키면
선교하는 의미가 없다.

살아가며
지금 것도 어려운데
지나간 얘기는
남편한테 하지 말고
하나님한테만 해라.

새벽기도 가서
졸면 안 된다.

기도 안 되면 찬양해라.

기도는
한 번 끊어지면
다시 이어지기 어렵다.
영적이라 그렇다.

하나님 영광 위해
기도했더니
하나님 나라가 확장된다.
변화되는 사람만이 산다.

하나님은
우리에게 지혜 주시고
우리가
즐겁게 사는 것을 원하신다.

기도는
자유를 주어야 한다.

여러 사람
기분 나쁘게 되면
영이 뺏긴다.

권위 있게, 날카롭게

영의 눈을 떠야 한다.

"하나님만이
아실 거다"라는 말은
큰 의미가 있다.
악과 선은 꼭 갈라진다.

영은 이겨야 하고
사람은
다 품어야 한다.
무조건 사랑하면 된다.

하나님 믿으면
다 뛰어넘을 수 있다.
하나님 믿으면
세상에서도 대우 받는다.

육의 남편,
영의 남편 똑같다.
하나님은
영의 남편이자
영의 부모이시기도 하다.

신앙 좋은 사람은
죽어라고 기도해야

3. 사람과 영적 생활

어떤 것도
이겨낼 수 있다.

예수 믿는 것은
아무나 하는 것 아니다.
지금은 정말 기도를
많이 할 때이다.

교회 가기 전에
집안을
완전히 정리하고 가야 한다.

진실하게
성심껏 하지 않으면
나오던 것도 들어간다.
하는 것 봐가며 주신다.

죄는 이미
나하고 끊어졌다.
하나님이
하라고 하시는 것은 하고

하지 말라고
하시는 것은
하지 않으면 된다.

도둑질하지 말라면
남의 것
넘보지 않으면 된다.
쳐다보지도 말아야 한다.

죽으면
영은 올라가고
육신은 흙 보탬이다.

내 눈의
들보를 먼저 보고
내가 변화되어야 한다.
만나는 게 열매다.

누워 있어도
세계를 들이
생각하는 것이
기도다.

십자가를 진다는 것은
마음으로 지는 것이다.
우리는 평생
십자가를
지고 사는 사람이다.

간증은
개인적인 것이라
누구한테 권할 수는 없다.

사람마다
다르기 때문에
주시는 것도 다 다르다.

예수 믿는 사람은
실망하면 안 된다.

자기가
희생해서
죽어져야 하고
직접 하나님을
만나야 한다.

이유를
묻지 말아야 한다.

성령 충만해서
계속 불이
타게 해야 하는데
불 하나가 꺼지면
열정이 없어진다.

영적으로는
죽어져야 한다.

자기보다
못한 사람을 무시하면
자기 몸을
자기가 묶는 것이다.

다른 사람에게
당했다고 하는 사람은
실제로는
자기가 스스로를 묶고
그렇게 느끼는 것이다.

신앙생활은
행복이다.
이 시험을 이기면
더 큰 것을 준비했다 주신다.
더 큰 상을 주신다.

하나님 생각은
사람 생각과 다르다.

하나님은
일하기 싫은 사람은

3. 사람과 영적 생활

먹지도 말라 하셨다.

여기
올 수 있게 해 주신 것도
감사해야 한다.

죄 값은 꼭 있다.
남의 눈에
피눈물 나게 하면
나중에라도
꼭 갚게 하신다.

기도도
함부로 하면 안 된다.

가지 말아야 할 곳은
가지 않게 해 달라고
기도해야 한다.

기도는
믿는 사람들의 무기다.

애들 속 썩이면
하나님께
기도하며 맡겨야 한다.

24시간 안에
2억 6천만 원을
교회에 바친다는 것은
전무후무한 일이다.

"와! 탄식의 물결"
개인의 영광이 아니라
하나님께 영광이다.

복을 받을
그릇이 돼야 한다.

능력은
사랑과 희생에서 나온다.

어지럽히는 집단이 있는데
하나님은
질서의 하나님이시다.

좋은 발자국이 아니면
"사탄아! 예수
이름으로 나가라!"
물리친다.

거룩하게 살아야 한다.

하나님 일은
올바르게 해야 한다.

지켜달라고
계속 기도하며
가르치기도 해야
하나님께
야단맞지 않는다.

알고 죄 지으면
복을 받을 수 없다.
마음의 문 잠그면
축복권이 없어진다.

자기가
옳다고 우기면 안 된다.

따질 일 있으면
하나님은
무섭게 따지신다.
잘못하면
무서우신 하나님이시다.

마음 예뻐야
깨끗하게 된다.

거듭나야 한다.

마음이 참 중요하다.
나쁜 생각은 하지도 마라
하나님은
예민한 마음을 주셨다.

내 몸 하나
잘 다스리는 것도
하나님 일 하는 것이다.
잘 해나가야
영광 가리지 않는다.

속이
부글부글 끓어올라도
믿는 사람이
참아야 한다.

예수님께서 중풍병자에게
"일어나 걸어라!"
하셨을 때,
"네! 알았습니다" 하고
살금살금 걸었겠나?

뛰기도 하고

3. 사람과 영적 생활

구르기도 했을 것이다.

작은 감사가
몸에 배야 한다.
불평이 나올 수 없다.

하나님께서
담벼락을 높이 치시고
보이지 않는
경우가 있는데

열납되지 않는
기도를 드릴 때이다.

외모를 보면
하나님의 역사가
일어나지 않는다.

눈을 맞추어야
말씀이 나온다.
모든 것은
하나님이 하신다.

항상 기도하라는 것은
어느 때, 어떤 일을

당할지 모르니까
미리미리

기도하라는 말씀이다.
도둑 맞기 전에
막는 것이다.

어려운 일 있으면
하나님이
우리와 함께
계시다는 것을 느끼게 된다.

영적으로 쇠사슬에
몸이 묶인 것이 풀리려면
속이 떨리고
차갑게 느껴진다.

기도만 하면 된다.
하나님 뜻대로만
살려고 하면
좋은 길로 인도해 주신다.

하나님이
다 준비해 주실 것이다.

영이 무서우니
빨리 변화되어
복을 받아야 한다.
영이 밝으면
속지 않는다.

사람마다
가라지냐? 알곡이냐?
거짓이냐? 진실이냐?
하나님이 가르신다.

신앙생활은
본을 보여줘야 한다.

하나님은 무섭다.
사람의
기분만
맞춰주면 안 된다.

신앙 생활하면 뭔가
변화가 있어야 한다.
자기 꾀에 자기가
넘어가면 안 된다.

영적인 것은
아는 사람 사이에만
통하는 것이다.

하나님이 지혜 주셔서
말할 것을
분별하게 하신다.

하나님은
우리를 다루시고
우리는
잘못된 사람을 돌봐야 한다.

우리가
울고불고 기도하며
그들을 돌봐야 한다.

우리가
그들을 품지 않으면
할 일이 없다.
그들이 없으면
우리가 기도하지 않는다.

하나님 역사는
능치 못할 것이 없는데
이중적인 신앙생활을

하면 안 된다.

모든 것을
하나님께 맡기고
기도만 하면서

자기 힘을 빼야 하는데
속이 좁아서
병이 된다.

원수도
사랑하라고 하셨는데
미운 짓 해도 잊어버리고
폭이 넓어야 한다.
징징거리면 안 된다.

속지 않는 생활해야 하고
시기, 질투 당하면
분별해야 한다.

남에게 잘못하면
하나님께서
무섭게 갚아 주신다.
진실은 꼭 드러나게 하신다.

내 생각과 맞지 않아도
말씀에 순종하다 보니
깨달음 오고
변화가 온다.

마음이 예뻐야 한다.

어려울 때일수록
조용히
기도만 해야 한다.

우선 정신이 바로 서야
하나님이
믿을 만한 자식이 된다.

사고 지는 자식에겐
능력을 안 주신다.
사람 사는 세계와 똑같다.
하나님은 부모님과 같다.

뭐가 막혔을 때,
하나님 앞에 눈물 흘리면
문제 해결 된다.

내 신앙 내가 지키고

어려워도
복 받을 일을 해야 한다.

사람마다 그릇이 다르다.
크게 쓰시려면
더 크게 어려운 일
당하게 하시고
더 하나님을 찾게 하신다.

어디서 상처 받았나?
막힌 것 있으면
풀어야 한다.
새사람 되는 것 쉽다.

하나님이
평탄한 생활만 하라고는
안 하셨다.
정신 바짝 차려야 산다.

애착심 없으면
연결 안 된다.
신앙 좋은 사람이
더 문제될 때가 있다.

들락날락하다가

잘못된 데로 빠져
평생 먹여준다니
재산을
다 갖다 준 사람도 있다.

복 받을 사람은
"감사합니다."
기도만 많이 하면 된다.

하나님께서 하시면
못하실 일 없다.

우리가
성경대로만 살면
자손이
바르게 살게 된다.

문제가 있어야
하나님께로
가까이 가게 된다.
앞으로 세대는
다져진 세대다.

기도는 심은 대로 거둔다.
많이 심으면 많이 거둔다.

대예배 때,
개인 기도하기 참 좋다.

힘들다가 좋아지고,
힘들다가
좋아지고 하다가

우리가
그릇이 되면
하나님이
확! 풀어 주신다.

지혜로워야
기도도
잘 배울 수 있다.

기도 잘하는 것과
실제 생활이
다른 사람도 있다.

하나님 위해 일할 때,
죽는 것 별것인가?

죽으려는 사람은
살 것이요,

살려는 사람은
죽을 것이라고 하셨다.

영적인 것이
보이는 사람은
말이나 행동이 다르다.

하나님께서
갈고 닦고,
갈고 닦게 하신다.

하나님이
나를 지켜 주신다는
믿음을 가져야 한다.

영적인 행복은
완벽한 행복이다.

하나님과
손 한 번 잡는 것도
너무 행복이다.

나의 만족을
다 채워주신다.
다 빨려 들어가

세상에 부러울 것이 없다.

뭐든 다 이길 수 있다.
사람이 주는 것 아니다.
하나님만이 주실 수 있다.

끝까지
승리하는 것이 중요하다.

기도 받으러 오는 것이
중요한 것 아니다.

사랑의 전기가
선이 연결되어야 하고
진실이 통해야 하는데
그것은
하나님만이 아신다.

사랑하는 자식에게는
계산이 나오지 않는다.
하나님은
그것을 원하신다.

하늘의 먹구름은
하나님이 걷어 가신다.

빛이
어둠을 물리친다.

신앙 가진 사람만이
용서할 수 있다.

하나님만 봐야지
사람 보면 안 된다.
그렇다고
사람을 무시해도 안 된다.

첫째 자기부터 챙기고
다음 자기 자손,
가족 순으로
바르게 살게 해야 한다.

줄 것 있으면
감사해야 한다.
어지간하면
모든 게 다 감사다.

죽을 것 같아도
하나님은
절대로 죽이지 않으신다.

사람에게 말해도
소용없다.
"하나님! 아시잖아요?" 하면
다 된다.

청소 때
먼지 나가는 것처럼
기도하면
나쁜 것이 다 나간다.

하나님 일을 하는 사람은
따로 있다.
아무나 하는 것 아니다.

사랑 없이 봉사하면
복을 받지 못한다.
하나님이 보신다.

사람이 바뀌려면
순간적으로
바뀔 수 있다.

기도는
엄숙한 일인데
책임감이 투철해야

하나님께
누가 되지 않는다.
거룩한 긴장감이
필요하다.

거짓과 진실,
악과 선은
끝까지 있으니

불쌍히 여겨 달라고
기도하며
이 세상을
헤쳐 나가야 한다.

하나님께
물질, 시간,
기도, 정성
다 최선을 다해 바쳐야 한다.

하나님의 연단 끝에
변화되면
나중에는 안정되게 산다.
사람 사는 세계는
다 똑같다.

하나님께
인정받지 못하면
축복권이 갈린다.
시련이 많아진다.

마음 좋고 착한 것이
병이다.
자기 걱정 없으면
남의 것까지 끌어 들인다.

나라를 위해서도
경제나 정치, 교육 등
잘못된 것을
예수 이름으로 물리쳐라.

"잘못된 사람들을
불쌍히 여겨 주세요."

잘못된 길에 서면
비교하면서,
잘 안 풀리고

하나님이
절대 복을 주지 않으신다.

하나님 일은
희생이 있어야 한다.

성경은 진리이므로
성경대로만 살면 되고
거기서
벗어나지만 않으면 된다.

가난하거나
부자거나
자기 자식은
누구나 사랑하지만

하나님은
거기서
더 나아가기를 원하신다.

영적 싸움은
어려운 고비 넘어가면
넓은 길이 나온다.

신앙은 간단한 것이다.
우리 마음이
단순해야 한다.
누가 뭐래도

하나님만이 아신다.

그 대신
내 행동, 처신을
깨끗하게 해야 한다.

말씀대로 살아야 한다.
어디서 묶였나 살펴보고
나쁜 습관에 묶였으면
빨리 고쳐야 한다.

잘났거나 못났거나
자신감 있게
살아야 한다.

심은 대로 거둔다.
죄 값은 있다.

사람은 요동치니까
자꾸 들어야
몸에 밴다.

하나님은
아무에게나
퍼주시는 분 아니다.

잘 사용할 사람에게 주신다.

부자의 것이라도
가치 있게 쓰게 하신다.

기쁘게 일하고,
기도해야 한다.

알고도 지은 죄는
수준 낮은 신앙이다.
알고는
죄 짓지 말아야 한다.

진짜 하나님 뜻은 무엇인가?
우리가
무얼 하기를 원하시나?

하나님을
어떻게 믿어야 하나?
분별해서
그것이 알고 싶다.

하나님 일은
숨기면 안 된다.

중보기도는
멀리서도 느낄 수 있다.
뭔가
연결됐다는 걸 알 수 있다.

우리는
믿음으로 밀고 나가야 한다.

뭔가를 주면
사람들은 거기에 넘어간다.
간교한 것을
분별해야 한다.

성령을 거스르지 마라.
영적 세계가 보인다.
지혜롭지 못하면
끌려 다닌다.

마음이 건강해야
모든 것이 바로 선다.
마음 비뚤어지면
절대 축복을 안 주신다.

두려운 하나님이시다.
잘못 나가면

고생을 시켜서라도
버르장머리 가르치신다.

입을 넓게 벌려
간증하라고 하셨다.
주의 일을
널리 알리라고 하셨다.

간증은 하면 할수록
더 좋아진다.

좋을 때
좋은 하나님이시지
잘못하면
무서운 하나님이시다.

하나님 일은
아무도 막을 수 없다.
하나님 일에는
거짓이 들어가면 안 된다.

신앙생활 하면서
남을 뜯으려는
마음이 있으면 안 된다.
진실성 없고,

예쁘지 않은 마음이다.

신앙 가지면
지혜가 온다.
신앙 있다면 나이 먹어도

하나님 앞에
어떻게 쓰임 받을까?
생각해야 한다.

기도에는
사랑과
희생이 들어가야 한다.

깨끗하게,
정직하게 살면
앞길이 환히 열린다.

믿는 사람만이라도
악한 세상에서
속지 않는 생활해야 한다.

"감사합니다"
말할 때, 축복이 온다.
둔하고 깨닫지 못해도

감사는

잊어선 안 된다.
이유, 토 달지 말고
감사해라.

빨리 깨달아
낮아져라!
밟히지 않으면
하나님이
크게 쓰시지 못한다.

하나님 편에선
속 썩을 일 없다.

하나님 일은
지금 금방은 아니더라도
끝이 있다.
기도만 해라.

무엇보다
영이 우선 잘되어야
일이 잘된다.

아무나

신앙생활 하는 것 아니다.
중간에
떨어져 나가는 사람도 있다.

우리 세대가 다 지나면
기둥을 세운 것처럼
단단하게
서는 세대가 될 것이다.

한이 많은 모습을
기록으로
남기면 안 좋다.

예수 믿으면
성격도 바뀌어야 한다.
습관적인 자기 생각에서
빠져 나와야 한다.

최선을 안 하면
하나님의 경고가 들어온다.
버릇을 고치시려 한다.
어려운 고비를
넘기게 된다.

흰 옷은

점 하나가
묻어도 표가 난다.

일주일 동안
남편을 얼마나
구박했는지, 사랑했는지,

정성을 다해
기도해 줬는지
하나님은 다 아신다.

마음만 비우면
즐겁게 살게 해주신다.
성경적으로
살기만 하면 된다.

영이 소생하는 기쁨은
정말 행복하다.

마음에서
얼굴이 나온다.
얼굴이
은혜스러워야 한다.

참는 것이

습관 되어야 한다.
참을 수 없을 땐
찬송 몇 장 부르면 된다.

하나님은
다 계산하고 계신다.

죽어도 하나님 뜻,
살아도 하나님 뜻,
다 맡겨야 하는데
하나님은
그것도 살펴보신다.

인간 생각과
하나님 생각은 다르다.
하나님 일은 모른다.

사랑 없으면
역사가 안 난다.

어려운 시험을 이기면
하나님께서
큰 선물을 준비해 주신다.

욕심 없이 살면

앞길이 열린다.

남을 위해 기도하면
그도 축복 받고
나도 복 받는다.

기도보다
어떻게 사느냐가 중요하다.
기도도
하나님 뜻대로 해야 한다.

하나님을
기쁘게 하고 싶다.

"저를 통해
하나님 나라가 확장되고
믿는 사람
늘어나게 해주세요"
기도한다.

기도 많이 하는 것이
중요한 것 아니고
마음 가다듬는 것이
중요하다.

하나님께
울며불며 기도하면
하나님께서
불쌍히 여기셔서
문제를 해결해 주신다.

기도 많이 하면
보이지 않게
하나님이
붙잡아 주신다.
시키는 대로만 하면 된다.

희망이 있어야
기쁨이 온다.

기도가
우리나라에
가득 덮였던 먹구름을
밝은 빛으로 물리친다.

빛과 어두움은 갈라진다.

내숭 떨거나
내세우거나
거짓말하면 앞길이 막힌다.

자기만 위해 살면 되나?
다른 사람에게
전도해야 한다.

앞길은
장애물이 가득한데
영적 생활하면
속지 않는 생활하게 된다.

하나님 세계는
무한해서
풀도 꽃도 다 다르다.

가증스러운 것이
제일 안 좋다.

영의 눈 뜨면
겉 다르고
속 다른 것에 대해
분별이 나온다.

신앙생활은
울고불고
기도해야 하고
실천하기도 어렵다.

언제 사탄이
틈탈지 모르니까
좋을 때,
기도하고 다녀야 한다.

성령을 거스르면
좋은 유산을
잘 유지하지 못하고
날려 보내는 것과 같다.

성격만은
자기가 고쳐야 한다.

하나님은
여러 사건들을 통해
우리를
깨우치려 하신다.

얼른 깨우치지 않으면
엄청나게 손해난다.

눈에서
빛이 나가야 한다.
내 눈에서
호랑이 눈의 붉은 빛이

나간다고 했다.

하나님하고
일대 일로 나가야 한다.

사람과 말하지 말고
사람 의지하지 말고
하나님하고 나하고
관계를 잘하는 것이 중요하다.

자기가 살려고
몸부림치지 말고
하나님께
다 맡기며 살아야 한다.

영 분별 못하면
내 기쁨을 뺏어가니
지금까지
지켜 주신 것도
감사해야 한다.

하나님 세계에서는
아부해서는 안 된다.
하나님 역사는
무섭고도 묘하다.

하나님은
당신 일 방해하면
가만히 안 계신다.
무서운 분이시다.

이중성격,
가증스러운 것
형식적인 것 없애라.
진실로 사랑할 때
하나님이 아신다.

하나님을 등한시하면
정신적 고통을 주시는데
정신적 고통은
사람을 망가뜨린다.

잘못하는 사람을
돌보는 것이
인간 세계이다.

내가 다른 사람,
그 다른 사람이
또 다른 사람을 돌보게 된다.

희생정신이 있어야 한다.

씨가
번져 나가는 것과 같다.

숨기지 않고
있는 그대로 하니
하나님이 고쳐 주신다.

고통 주시는 건
변화될 때까지다.
정신적인 고통이지
신체적인 손해는 없었다.

넘어지면
조용히
일어나야 한다.
그런 사람을 쓰신다.

참을 수 없는 것도
조용히
참아야 한다.

참는 힘은
기도에서 나온다.
예수님은
숨겨진 비밀이다.

알 사람만 안다.

돼지에게
진주 주면
하나님을 욕되게 한다.

좋을 때
기도해야 한다.
열정이 중요하다.

우리에겐
하나님 믿게 된 것이
큰 축복이다.

남을 위해 하는 기도가
나를 위해 하는 기도다.
중보 기도를 많이 해야 한다.

고집 세면
시련을 많이 주신다.
불평, 불만하면
깨끗하지 못한 것이다.

하나님이
원하시는 일을 해야 한다.

"먼저 그의 나라와
그의 의를
구하라"는 말씀과 통한다.

하나님 일은
하면 할수록
하나님한테는 사랑받지만
사람들에게는 미움 받는다.

영은 가라앉고
구름이 살짝 덮었는데
영이 먼저 움직이니
육이 따라
그대로 움직인다.

바람이 불면
잎사귀가
움직이는 것과 같다.
마음이 기쁜 것은
영의 생각이다.

하나님에게는
할 말,
안 할 말이 있으시다.

덕이 안 되는 얘기,
자기 자식끼리
흉보는 얘기는 싫어하신다.

감사가
최고 축복권이다.
감사 없으면
불평불만이 온다.

선물보다, 간증보다
기도해 준 것에 대한
감사의 말이
바로 축복권이다.

"네가 듣니? 내가 듣지."
하나님께서 말씀하셨다.

"하나님! 감사합니다."
직접 손대서
기도해 준 사람에 대한
감사의 말 한 마디가
참 중요하다.

하나님 역사는
가냘픈 데서 시작한다.

내가 못 살면
덕이 안 된다.

자아가 죽는 것은
기본이고
그래야 분별이 나오며
말, 행동, 기도가
일치된다.

영적인 것은
바람같이 들어오고
바람같이 나간다.

거듭난 사람은 말이 없다.
영도 사람마다
성격대로 주시기 때문에
받은 영이 다 다르다.

하나님께 얻어맞아야
기도하고
그래야
얼굴도 반짝반짝해진다.

하나님의 사랑을 알면
물불이 두렵지 않고

기도하면
죽음도 두렵지 않은
경지에 들어가게 된다.

하나님은
다 해주실 수 있지만
우리 마음을 보시고
안 해주시기도 한다.

지나고 보면
모든 게
하나님 뜻이다.

지금은
어려운 것 같으나
잘 참고 장래를 보면
더 큰 것을 주실 것이다.

사람의 마음을
고쳐 놓으려면
순식간에 바꿔 놓으신다.

"예수 하나님께서
죄인인 나를
죽도록 사랑하심은
어찌됨인가요?"

새벽기도
매일 가면 뭐하나?

내가
하나님 앞에
어떻게 서느냐가 중요하다.
수단 방법 쓰면 안 된다.

하나님 일은
정말 무섭다.
소경이
소경 인도하면 안 된다.

기도원도
아무나 가는 것 아니다.
영이 약하면 눌린다.

안 좋은 건 물리치고
사람만은
사랑해야 한다.

한 사람의 기도가
세계를 뒤집어 놓는다.

어떻게 내가
하나님 만나
이렇게 행복한가?
그 세계 가면
하나도 외롭지 않다.

하나님은
자식의 약점을
절대로 안 알려주신다.
인격적이시다.

예수 믿으면
죄 없다.

하나님께
부탁했으면
이루어진 줄 믿고

되풀이하지 말고
다음 단계로
나아가야 한다.

"하나님 일이니 알아서
제일 좋게 해주세요."

잘해준다는 것이
옆의 사람
힘을 빼는 사람이 있다.

남이 볼 때,
차분하면서 차가우며
어렵게 한다.

하나님 영광 위한 것은
꼭 이루어져야 한다.
하나님은
엎어진 것도
젖혀 놓으시는 분이다.

하나님 안에서
빨리 변화되면
빨리 인생이 바뀐다.

하나님 자손은
거룩해야 한다.
지혜로우면
지속적으로
거룩함을 유지할 수 있다.

믿는 사람은

덕이 되어야 하고
풍기는 것이 달라야 한다.
못 먹었어도
풍요롭게 풍겨야 한다.

영이 센 집을 소개하면
자기 집 문제를
해결 못하는 수가 있다.

영이 통하는
집이 있다.
영이 끊어지면
연결 안 되고

통하면
미국에 있는 사람과
아이패드를 통해서도
역사한다.

이 자리에 오는 것도
마음대로 못한다.
성령이 뜨거운 자리다.

성령으로
뒤집어지지 않으면

행복한 사람 없다.

묵상 기도,
조용히
혼자 기도하는
시간이 필요하다.

마귀가 믿는 자를 삼키려고
우는 사자같이
덤빈다는 것은
고집 세면
잡아먹힌다는 말과 통한다.

보기 싫은 사람 있어도
먼저 인사해라.
원수도 사랑하라 하시니까
날 위해서라도
사랑해야 한다.

사랑하면
이 집도 풀리고
저 집도 다 풀리고
자손이 술술 풀어진다.

기도보다

사람과
푸는 것이 더 중요하다.

고백하고 나면
미워하던 사람이
그렇게도
사랑스러워진다.

몸이 좋아지면
꼴도 보기 싫었던
그 사람과
관계를 회복시켜야 한다.

원수 된 관계를
풀어야 한다.

영적인 것은
파고 들어온다.
성격이 깐깐한 사람은
기도 받아도 더디다.

내가 어디서 막혔나?
하나님께
깨닫게 해달라고
조용히 묵상해라.

내가 나를 살펴보자.
내 마음이 옥토인가?
가시덩굴인가?
길가인가?
또는 새가 쪼아 먹는가?

온전한 열매 맺어야
하나님이 기뻐하신다.

반쪽짜리,
찌그러진 열매는 안 된다.
자기가 잘못해
병든 열매 나온다.

온전한 열매를 얻으려면
먼저 씨가 좋아야 하고
우리 마음의 땅이
옥토여야 한다.

기도를
많이 해야 한다.
기도는
잠자고 있는 것을
깨우는 식이다.

인생 사는 힘은
어디에서 얻는가?
기도에서 나온다.

믿음으로
욕심의 씨를 뽑아낸다.
욕심 있으면
모든 것이 어렵다

신앙생활 하려면
어려움이 오게 되어 있다.
그걸 이겨 나가야
내 몸이 풀린다.

예수에 빠지면
왕따 시켜도
아무 상관 안 한다.

영이
한 사람을 통해서도
흐려질 수 있다.
사람이 나쁜 것 아니다.

예수 믿으면
보이지 않는

숨은 봉사가 많다.

교회, 가정 편하면
기도 잘 안 한다.

애 속 썩일 때가
제일 기도 많이 해서
하나님과
가까워질 때다.

편안한 가운데
기도 중에
하나님께
근심 다 맡겨라.

영이 그렇더라.

멀리서 "예수 이름으로
물러가라!"
계속 기도하니까

조금씩 잡혀지더니
어느 날엔가 좋아져서
제정신이 나왔다.

기도만 할 뿐이다.

보이지 않게
신앙의 힘,

기도의 힘으로 이긴다.
도둑도 막고
나쁜 일도 막는다.

"그저 하나님 은혜죠."

웃을 것도 없이
"하나님만 아십니다."
"감사합니다."
말만 하면 된다.

바다 한가운데
바위 꼭대기에
잡을 것 하나 없이

바위가 휘어지고,
구부러지고,
뱅뱅 돌리기도 해
너무 무서웠다.
내가 살려고

몸부림칠 때는
정말 힘들었는데

"하나님!
죽이려면 죽이시고
살리려면 살리세요.

죽으면 죽고
살면 살지"
했더니 평안이 왔다.

내가 살려고
몸부림치지 않는다.
"뭐든 하나님
뜻대로 하세요"
기도한다.

하나님이 하시니
불쌍히 여겨 달라고
기도만 해라.

가증스러운 기도하지 말고
"하나님 뜻대로 하세요"
기도해라.

3. 사람과 영적 생활 163

정신적 고통 심해도
사람을 보지 말고
후손을 위해
하나님 일하고
이겨 나가야 한다.

나는
철새마냥 훨훨 날아갔다가
수요일에 철새처럼 훨훨
날아올 것이다.

속지 말고
즐겁게 살아야 한다.

하나님은 영이시지만
육의 부모와
마찬가지이셔서
자식이 잘사는 것을
좋아하신다.

잘못된 것이 있으면
빨리 돌이켜야 한다.
그렇지 않으면
악한 영이 다 달려든다.

싱싱하면
파리 한 마리도
못 덤벼든다.

기도가 30퍼센트라면
성격이 70퍼센트다.

기도는
영과 육이 맞아야 잘 된다.

뒤에서
하나님이 밀어 주시니
소생한다.
마무리를 잘해야 한다.

우리의 영적 싸움은
끝이 없다.
"예수 이름으로 물러가라!"
목소리가 크지 않으면
마귀에게 진다.

사람을
외모로 보지 말고
중심을 봐라.

외모를 봤으면
회개해야
기도를 받게 하시고
문제를 해결해 주셨다.

하나님께
"가족들이 가지
말아야 할 곳은 가지 말고

복된 곳만
가게 해주세요"라고
기도해라.
기도를 쉬지 말아야 한다.

광신으로 믿으면
시련이 크게 온다.

시간도 여유 있게
생각해야 하고
세상적으로도
덕을 세워야 한다.

우리는
기도로 살아야 한다.
승리는 모든 것

다 포기할 때 주신다.

예수 믿는 사람은
재미있게
사는 사람 아니고
경고를 받는 사람이다.

미혹의 영이 오면
잘 분별해야 한다.
수단 방법은
하나님이 싫어하신다.

적이 들어오지
못하게 막는 방패가
기도다.

거듭나지 않으면
똑똑한 것 아니다.
마음에
하나님 모시는 것이
중요하다.

"저희에게
뭘 원하시나요?"

지혜 주시고
하나님 원하시는 것 하도록
하나님께
졸라댈 것밖에 없다.

하나님이
본때를 보여 주신다.
"하나님
마음대로 하세요" 하며
다 맡겨야 한다.

믿음은
바라는 것들의 실상이요
보지 못하는 것들의
증거이니
응답 받으려 하지 마라.

보려 하고 들으려 하면
마귀가 준다.
받기 원하면 안 되고
그걸
꼭 믿어도 안 된다.

은사를 달라고
막 구하면
애들에게 칼 주는 것 같다.

하나님 세계는
안 보며 믿을 때가
제일 좋다.

제일 신앙 좋을 때가
위험하다.
"내가 다 됐다"가 아니다.

쉴 때가 없다.
영적 싸움을
끝없이 해야 한다.

감당할 만한
시험을 주시고
그것을 이길 때
우리를 통해서
하나님 나라가 확장된다.

"하나님!
분별의 영을 주세요."

한 발짝은 기쁨,
한 발짝은 불평 불만이다.

한 발짝은 하나님 것,
한 발짝은 마귀 것,
분별의 영을 구해야 한다.

신앙생활 할 때는
기초를
잘 다듬어야 한다.

다른 사람을 좋게,
안정되게
해주려고 애쓸 때
하나님이
더 크게 쓰신다.

새벽기도에서는
뭘 구하느냐가
중요하다.

걸림돌 없으면
하나님 일을
열심히 할 수 있다.

사람들이
바르게 살도록
기도해야 한다.

우리부터
바르게 살면 된다.
우리를 통해서
남을 괴롭히지만
않아도 된다.

하나님은 영이시라
하나님이
허락하지 않으시면
무섭다.
처신을 잘해야 한다.

우리 몸에 대해
조금도
불평하지 마라.

하나님이
사람을 얼마나
귀하게 지으셨는지!
불평하면 안 된다.

쓰러지지 않게
하나님이
붙들어 주시라고
간절히 기도하라.

3. 사람과 영적 생활

눈을 위로 뜨고
지혜롭게
"맑은 정신 주세요"
기도만 해라.

좋을 때 더 기도하라.
모자라는 것도,
잘못하는 것도
다 아시지만
잘하려는 마음을 보신다.

성경 읽기보다
기도가
더 빠르다.

믿는 사람만이
지혜가 와서
어렵지 않게 살 수 있다.

믿음 있으면
뼛속 깊은
원한이 없다.

영이란 게
미워하면

만져지질 않는다.

영적인 것은
몸으로 부딪치면
어떤 사람도
감당하지 못한다.

좋을 때
기도를 많이 해라.
뭘 구하느냐가
중요하다.

하나님이
복을 주시려다가도
도로 들어가기도 한다.

우리는
하나님 믿기 때문에
인격적으로 살고

주어진 데서 감사한다.
오만한 자리에도
가지 않는다.

어떤 여건도

이길 수 있는 힘이
기도다.

기도하다가
조금이라도 이상하면
얼른 하나님을 찾고
기도해야 한다.

일점도 틀리지 않고
살아야 한다.
하나님은

질서의 하나님,
어지럽지 않은
하나님이시다.

남 일이
내 일이다.

신앙생활은
어려운 때도 있지만
꿋꿋하게
나아가야 한다.

신앙생활 하며

거스르지 않는다는 게
참 어렵다.

누가 잘못하고 잘하든
하나님이
판단하실 것이지
우리는
기도만 할 뿐이다.

하나님 뜻대로
살려고 할 때
시시비비 안 가리고
기도만 하니
축복권이 오더라.

4. 우리들의 기도 방

병 고쳐내라 야단하면
얻어맞는 느낌이다.

나에게
자기 행복을
찾아내라고
힘들게 하는 사람도 있다.

쌀 한 토막씩
귀를 뚫어
하루에 안 되면 이틀,
아니면 한 달,

아니면
일 년이라도
귀 뚫어 가며
변화시킨다.

들을 귀,
복된 귀가 있다.

꽉 막힌 귀를
아주 조금씩
뚫어 주었더니
인생이 다 바뀌었다.

끈질기지 못하면
성공하지 못한다.

백 마디 일러주면
한 마디
알아듣는 사람을

계속 말해줘서
귀가 뚫리게 되면
많이 변화된다.

서산에
기도 받으러 오신 분은
눈은 떴어도

땅 속 깊은 곳,
캄캄한 곳에
널 같은 넓이의
땅을 파서
그 속에 자기를 넣고

시커먼 덩치 큰 남자가
이쪽 끝에서
저쪽 끝으로
계속 집어 던졌다고 했다.

벽에
부딪칠 때마다
"아이구구! 아이구구!
잘못했슈!" 외치면

며느리들이
"시절 떨고 있네" 했는데

시아버지가
며느리들에게
"그런 소리 하지 마라.
저녁에는
나한테 다 말한다"고 했다.

밥해 먹여가며,
기도해주며
"그건 마귀가 주는 거다!"
예수 이름으로
물리쳐주니

어느 날,
갑자기 눈이 떠져
"권사님 얼굴이
동그랗네" 말했다.

"이런 좋은
세상도 있네요" 하며
자유를 얻게 됐다.
맑은 정신이 돌아왔다.

예수 믿지도
않는 사람이
한 번 기도 받고
목의 혹이 나았다.

기도 받고 가다가
코스모스 밭에서
계란 같은
덩어리가 나온 후

혹이 없어졌다고 했다.

오시는 분의
가정이 변화되면
그걸로 만족한다.

가정 튼튼히 세워서
문제 해결되면
나는 정말 행복하다.

아무나
신학 하는 것 아니다.

응답 받았다며
신학하려는 여자들을
낳이 넘쳐 놓았다.

"이게 워찌된 일이여유?"
몸이 오그라든 걸
기도로
펴 놓는다.

정성 들어가야
죽는데
살리는 역사가 난다.

변화가 안 되면
눈길도 안 준다.

마음으로
살인을 많이 하면
복을 받지 못한다.

나쁜 마음으론
일이 안 풀린다.
분통 터진 것을
기도원 가서
확! 풀어라.

한 있으면
자손이
잘 안 된다.
이유를 묻지 말고
고쳐라.

아픈 것이 몸에 배면
기쁨이 없다.
다시 아플까봐
염려하지 마라.

자기가 좋다는데

어떻게 하나?
가만두어야지.

성경 속 아니고
사람 사는 세계니까
체면 차리지 말고
편히 살아라.

스스로 깨달아
고치게 하라.
내 말은
각자 변화되라고
하는 것이다.

기도 받고 나면
정신이 확! 나고
맑아진다.

굳어진 것을 풀어
제자리 잡으려면
힘들고
시간 걸린다.

눈이 안 보이다가
기도 받고 보게 돼서

피아노를
다시 치게 된
남학생이 있었다.

어떤 권사는
기도 두 번 받고
"병원에서
내 실명될 눈이
다 나았다네요" 전화했다.

정신적인 병은
한 사람 낫게 하면
옆에 있는
여러 사람이 같이 고쳐진다.

기도 받으면
앉은 자리에서
한숨이 변해
하품으로 나온다.
하품을 많이 하면 좋다.

빚 보증 선 사람들은
기도 안 해주려 했다.

기도를 받아도

그 문제가
해결되지 않으면
몸이 풀어지지
않기 때문이다.

시든 식물이
조금씩 소생하듯이,
풍선 터질 것을
조금씩 빼듯이,

하수도를
조금씩 뚫어 주듯이,
보일러를 돌려주듯이
기도해서
순환이 잘되게 해주었다.

하수도가
머리부터
발끝까지 막혔다면
뚫는 것과 같다.

보일러가 고루 돌아야
방이
따뜻해지는 것과 같고

시냇물이 꽝꽝 얼은
얼음 켜 밑으로
물이 조금씩 흐르는 것과
같은 이치다.

기도 방 오는 날은
베데스다 연못에 오는
신나는 날이라고

기뻐하며
기다리는
사람들이 많았다.

부은 게 빠지니
인물이 나온다.
보람이 있다.

산만한 사람에게
"책임 질 수는 없지만
차분하게
생각해 보세요."

말 들어 주고
안정돼야 한다고
설득한다.

거룩함보다는
심령을
파헤치고 알려준다.

사랑을 받을
자격이
안 되는 사람도 있다.

일러주는 말을
듣지 않는 사람이다.

앞 꼽추 된 사람을
버스에서
기도해 주니

가슴이 들어가
키가 커지고
몸이 반듯해졌다.

오래 기도해 주면
본래 몸이 나온다.
걷지 못하던 애는
등을 뜯어 줘도
안 아파하더니

기도 받고
등이 납작해져
제 몸이 와서
척추가 반듯해졌다.
걷게 되니 안 왔다.

뇌성마비로
말을 못하던 사람은
장모님과
전화할 정도로 나았다.

남을 비참하게 하면
자기도
비참한 꼴을 당하게 된다.

3인조로
인신매매를 하던
사람들이 왔는데

다 병 들고
비참한 인생들이
되어 있었다.

스트레스 많아
뒷목이 몹시 아프고

대상포진까지 온 사람은

순환 안 돼서
마치 풍선이
터질 정도 된 것과 같았다.

기도 받고
풍선에서 바람 빠지듯
몸이 가벼워졌다.

열 받아서
풍선 빵빵한 것이
터질듯 한 것을
기도해주어
땀으로 배출시켰다.

몸이 부어서
순환이 안 되니 차갑다가
기도 받고
열이 밖으로 빠져나왔다.

두 손만 꼭 잡아도
굳은 몸이
풀어져 움직였다.

기도를 받아들이지 않는
사람이 앉아 있으면
기도를 할 수 없고
집중이 안 된다.
역사도 안 난다.

피부색이 노랗다가
핑크색이 되었다.

바보같이 보여도
거친 세상에서
고생을 겪어 본 사람은

기도로
몸을 풀어주면
자유함을 느낀다.

기도 받을 때는
눈에서
모래가
나오는 듯도 하고

몸속에서 열꽃이
밖으로 나오기도 한다.
시원하게

아플 때도 있다.

기도해 주면
몸이
물에 불은
고사리같이 된다.

이마에
땀이 촉촉하고
손바닥, 발바닥에
따뜻한 땀나면

물과 기름에서
기름 걷어내듯 해서
확 풀어진다.

나쁜 것을
발로 빼야 한다.
주무르는 것밖에 없다.

화 낸 때를
기도로 벗겨 나간다.

기도도
젊어서 같지 않고

환자의 증세가
내 몸을
다림질하듯 하고
나간다.

젊어서는
기도를
강하게 했는데

지금은
자연스럽게,
보기에
힘들지 않게 해주신다.

"머리는
노란색, 하얀색
다 해도 좋다.
그 대신
도둑질만은 하지 마라."

정신병자 얼굴
한 번
쓰다듬을 때마다
연탄재 묻은 것

씻어내는 것과 같다.

바닷가에 사는 집사님은
낙지 한 마리
잡았을 때
목사님 드리려 했는데

또 한 마리 잡으니
욕심이 생겨서
팔려고
시장 가다가 길가에 놓고

쑥 뜯어오니
낙지를
누가 가져갔다며
회개했다.

나를 통해
유방암 고침 받은
집사님이
데리고 간 집에서
역사가 일어났다.

인천에서
8년 동안 미쳐서

"어! 어!" 고개를 흔들며
쉬지 않고
소리 지르던 남자가

기도 받고 나아서
교회 사찰집사님이 되었다.

애들이
"우리 아빠
미쳤었다" 말했다.

어디 가서
실컷 한 번 울면
좋아질 것 같다고

마음이
괴로운 사람에게
말해주었다.

혼자되어
외롭게 지내시는
할아버지에게는

내가 제일 아끼는
옷이라도

벗어주고 싶었다.

기도할 때는
기도 받는 분이
아프면서도
기분 좋은 것을
내가 느낀다.

교육에 대한
생각이 잘못됐다가
복직해야

아이가 좋아진다 하니
부부가
학교로 복직했다.

지적으로
조금 떨어지는 아이는
자연 속에서가 아니라
사람 사는 데서
가르쳐야 한다.

도시 공학은
사람의 보행에
대해서도

연구해야 한다.

책이나 컴퓨터,
논문만이 아니라
실제 나가서
살피라고 일러 주니

세계적인
혁신 방법이
됐다고 했다.
막혔던 것에
답이 왔다.

세계적인
대가들이 인정하는
새로운 연구
방법이 되어

예정에 없던
자리를 만들어 주어
월급 받아 가며
박사 논문 쓰고 있다.

한국 문화가
유럽 문화를 덮었다.

세미나에 오신
유럽 교수님들에게
우리나라 식으로

식사와 관광 등을
전부
자비로 대접해 드렸다.

대접 문화와
회사 일을
집에서 준비하는 시간까지
지불해 준다는 것을

안 받고
봉사하는 자세가
유럽 사람늘에게
남다른 감동을 주었다.

"넌 돈을 쓰고
이름을 날렸다.
돈을 써서
폭을 넓혀야 한다.

돈을
구질구질하게

아끼지 말아라.

돈 쓰고
멋지게 살아라.
그게 보람이다."
얼굴에
홈 파져 가며 늙은 사람은
잘못은 자기가 하고도
부인을 볶아댄다.

기도 방에서는
내가 하는 말을
들어야 할 사람은
앉아 있게 한다.

마음 정리해서
영의 눈
뜨게 하려고
앉아 있게 한다.

애가 착해서
더 볶아댄
엄마가 있었다.

숨을 잘 못 쉬던 아이가

계속 기도 받아
나았는데
엄마는
"지금도 그래요" 하는데

아이가
"엄마! 나
다 나았잖아?" 말했다.

성령을 거슬러서인지
더 심해졌다.
말이 중요하다.

엄마가 회개해
떡을 해 왔지만
얼른 낫지는 않았다.

부모가
변화되어야 한다.
얕은 생각에
수단 방법 쓰면 안 된다.

기도할 때는
내가
눈이 안 보이기도 하고

배가 아프기도 하며

어떤 때는
머리가 아프기도 하는 등
온몸으로
체험이 온다.

힘줄은
거미줄과
같다고 할 수 있다.

힘줄이
거미줄 엉키듯
엉켜 있는 사람도 있다.

기도의 손길이
안 간 곳은
아프다.

기도할 때는
보는 사람이 꼭 있어
증인 역할을 하게 하신다.

손만 대도
아플 수 있기 때문에

4. 우리들의 기도 방

증인을 꼭 세우신다.

기도 받을 때,
마음이 예쁘면서
숨기지 않고 말하니
빨리 치료된다.

몸에
물 흐르듯 순환시켜
죽을 것을 살려냈다.
탄력이 오니
균형이 잡힌다.

더 이상
갈 데가 없는 몸,
부리하면
안 되는 몸이 있다.

나는
생활 속에서
사는 얘기를 해준다.

상처 주지 않고,
한 바닥 깔고
돌려서 말해 준다.

잘못된 것은
상처 주지 않고
차근히 설명해 준다.

상처 주지 않고
설득시켜 변화시킨다.
권위가 있어야
가능하다.

분별을 시킬 때,
의심을
분별시키면 이해한다.
사랑으로 하면
듣는 사람이 화 안 난다.

다시 다 고쳐서
정신 차려 살아야지.
자아가 살면
해결이 안 된다.

있는 그대로
말해야 하는데
끝까지 변명하던 사람은

"제 표현이

잘못됐습니다."
항복했다.

있는 대로 말해야
처방전이 나온다.

이 자리는
무서운 자리다.
솔직하지 않으면
눈길도 안 준다.
손해는 자기가 난다.

"기왕 어려운 걸
희생한다고 생각해 봐요."
참다 보면
어려움을 잊어버린다.

8년 만에
다시 만나보니
머리가 너무 굳어져서
쇳덩어리같이

반짝반짝해진 것을
기도해주어
다 풀어 주었다.

그동안 속에 들어갔던
나쁜 생각도
대화로
하나하나 빼냈다.

정신병 환자 사오십 명을
한꺼번에 데리고
기도했다.
더 재미있는 기적이
많이 나타났다.

"네가 좋아야
아빠, 엄마가 좋고
집안이 다 행복해진다."

사탄의 세력이 무섭다.
죽이기도 한다.

어떤 애는 잠 안 자고
밤새 돌아다니다가
엄마가 잠시 조는 사이
4층에서 떨어졌다.

잔디가 포근하게 보여
살짝 내려앉으면

기분이
좋을 것 같았다고 했다.

기도 받고 정상되어
대학 세 군데 합격했다.

중풍병자를 고쳐놓고
운동시키다 보면
춤이 되더라.

다른 사람의 나쁜 것을
내 몸에
다 받아온다.
어렵지만 보람 있다.

나의 역사는
사랑과 희생에서 나온다고
어느 목사님이
말씀해 주셨다.

나의 기도는
하나하나
가르쳐주려고
하기 때문에
시간이 걸린다.

나의 첫 번째 설교는
"형제간에
돈 거래 하지 말고

가까운 사이에도
하지 마라.
동업하지 마라"이다.

"하나님 일은 냉정한 거야.
병 나았다고
다 나를 따라다니면
어떻게 일을 하나?"

병 나았다고
다 쫓아다니면
기도하기도 어렵다.

내게는
30년 다닌 사람이나
오늘 처음 온 사람이나
똑같다.

차별이 없는데
단지 오래된 사람은
편리한 것뿐이다.

영적이 어렵다.
내가
일을 어려워하면
환자들의 나쁜 영이
다 몰려온다.

시작할 때,
한눈에
다 잡아야 한다.

좋지 않은
건강상태에서
계속 기도 받아
사회생활만 못하지

사기나
도둑 안 맞고
똑똑해진 청년도 있다.

마귀에게 사로잡혀
눈 못 뜨던 사람이
기도 받고

눈과 눈 사이에
가로막힌 것이

생겼다가 사라지며
눈이 떠졌다.

기도 방에서는
성경에도 없는
재창조의
역사가 있다.

떨어져 사는 것도
다 팔자 속이다.
하나님 뜻이 어디에 있는지
모르겠다.

기도로
움푹 팬 곳을 메워준다.

우리 기도 방 아이들은
받기도,
주기도 할 줄 안다.
내가
열매 있는 사역을 했다.

기도해준 애들이
잘 크는 걸 보면
보람 있다.

나는 의사가 아니니까
속은 잘 모르지만
신경이
기타 줄이라면

하나는 당기고
하나는 늘어지고 한 것을
고르게 만들면
건강해진다.

자기가 기도해주고
좋아졌다
말할 수는 없지만
기도 받고
좋아진 사람이 정말 많다.

기도가
돈이 드는 건가?
사람을 조금도
기분 나쁘게 할
필요가 없다.

나는
환자들이 기도 받을 때,

기분 나쁘게 아픈 것,
기분 좋게 아픈 것,

상큼하게 아픈 것,
날카롭게
아픈 것을 느낀다.
내가 하면서도 신기하다.

어떤 분이
기도 받을 때가 되면

내가 그분이
기도 받아야 할 필요를
느끼게 되는 것도
신기하다.

탁! 때리는 것같이
머리가 띵하며
아프다가
예수 이름으로 물리치니
나았다.

신경 쓰면
몸이 울퉁불퉁 뭉치는데
기도 계속 받으니

순환이 잘되어
풀어진다.

그날그날
기도 받을 사람을
하나님이 정하신다.

지금까지
항상 감당할 만큼의
사람만 보내셨다.

정신병은
마음만 바꾸면
금방 낫는다.

흉기를 갖고
배 찌르겠다고
하던 청년이
제정신 나서
금은방 경영했다.

폐암에
너덜너덜해졌다고
한 분도 있었다.

"기도 받으면
마비도
다 풀어지게 돼 있어.
열 받는 일 있어?
공부가 다 아니여."

젊은 사람에게
비전을 주며
일할 수 있는
힘을 줘야 한다.

자존심 상하게 하며
상처 줘가며 야단치면
젊은 사람이
발전할 수 없다.

기도 방에서 졸면
나쁜 영이 침투할까 봐
조는 사람들을
무섭게 야단쳤다.

기도 방은
하나님과
거리가 먼 장소 같지만
어쨌든 내가

하는 것이 아니다.

누구 이름도 아니며
예수 이름으로
하는 것인데
기적은 잘 나타난다.

나의 기도는
사람마다
처방이 다르다.

대소변, 침,
더러운 줄 모르고
기도해 주었다.
내 손 움직이는 것이
사람마다 다르다.

기도는
마무리가 중요하다.

예전엔
정신 안 좋은 사람들에게
"내 눈을 보시오" 하고
눈으로
나쁜 영을 뺐다.

상담하면
금방 답해줘서
일러준 대로 하기만 하면
문제가 해결됐다.

저의 손이 닿는 사람이
한 명도
그냥 가는 사람이
없게 해달라고
하나님께 기도했다.

우리 젊은이들이
하나님의 지혜를 받아
우리나라 이름을
세계에
빛내게 해달라고 기도한다.

아버지를
싫어하는 아들에게
"만약 아빠가
돌아가신다면

어떻게 생각하느냐?"
물으니
"그건 안 돼죠."

아들이 말했다.

그날로
아버지와 아들이 화해해
안고 하나가 되었다.

기도 받으면
묶어진 몸이
풀어진다.
말귀 잘 알아들으니
화끈하게 낫는다.
말 들으므로
믿음이 들어간다.

어떤 사람은
속이 꼼꼼해서
차곡차곡 쌓아가며 살아
병들었다.

기도 받을 때,
90%는 하나님 역사지만
10%는
우리가 노력해야 한다.

정신 이상인이

가족같이 느껴졌다.

정신병 기도하다 보니
보호자가 중요하더라.
보호자가 환자를 무조건
사랑해 줘야 한다.

환자보다 보호자가
더 병든다.
더 짜증난다.

말 한마디가
아주 중요하다.

환자 기도는
영적 싸움이다.
기도를 다 마치면

자동으로
손이
환자의 몸에서 떨어진다.

나는 경제에 대한
상담도 많이 했다.
내가 일러준 대로 한

사람들은
차츰 재산을
불려 나갔다.

나한테
잘하려 하지 말고
하나님께
매달려야 한다.

조금 좋아지면
원망하지 말고
감사해야 한다.

혈관이
머리에서 발끝까지
굳어져서
몸이 정상 아니고

붕 뜬 몸이 되었다가
기도 받고
나은 사람도 있다.

병자 기도는
준비 기도가 꼭 필요하다.
준비 기도해야

기도할 수 있다.

난 준비 기도 안 하면
설교가 안 나간다.

기도 방은
열매 있는 곳이다.
하나님이 하시니까
아픈 것이
금방 좋아진다.

어떤 분에게
신앙생활하면서
좋다고 느낀 점,

안 좋다고 느낀 점을
말해보라고 하니

'내가 생각했던 믿음과
하나님이 생각하는
믿음이
다르다고 느꼈다'고
말했다.

사랑이 중요하고

자기가
성장했다고 느낀다고 했다.

기도 방에서는
마음속 깊은 데서 나오는
웃음을
많이 웃게 된다.

멀쩡한 남자가
잘못됐다가
여자가 다시

바른길로 인도하여
남편과
병들었던 아이를
회복시키기도 했다.

기도 방에 소개하려면
그 사람을 위해
안타깝게 기도하고
모시고 와야 한다.

기도 받게
소개해주고
불만하면 안 된다.

입 비뚤어진 사람
소개하고
자기 입이 비뚤어졌을 때,
하나님께 감사해야
자기도 낫는다.

나는
부모들이 못하는
정신력 교육을 시킨다.

"미운 사람 있니?
다 용서해라.

어떤 것도
품을 수 있는
마음을 가져라!"
젊은 애에게 말해주었다.

한번 기도 받으면
바로
좋아지는 걸 알게 된다.

나의 기도는
말하고
기도하는 역사이다.

속을
캐내야 하기 때문에
말을
안 하면 안 된다.

말이 치료다.
우선 말로
힘을 준다.

다리에 순환 안 되는
혈관이 보여
기도해 주면

처음에는
딱딱하다가
부드러워진다.

좋아하는지
아닌지 몰라도
알아주거나, 말거나
계속 손으로
기도해 주었다.

몸이 부어터지기
직전에

밤새 기도해 주어

풍선에서
바람 빠지듯 빠져
순환되어
병이 나았다.

늙으면
몸이 자꾸
오그라드는데
기도 받으면 펴진다.

기도 방 다니면서
키가
커졌다고들 말한다.

성경은
교회에서 배우고
여기는
인성 교육하는 곳이다.

어른보다
애들 잘 키우는 것이
보람이 있다.

고통 받았던 애들이
사회에 나가
아픈 사람들을
잘 돌볼 수 있다.
정신적으로
안 좋은 사람이
기도 방에 앉았다가

잡생각
들어가려는 순간
딱 잡아내는 일이
종종 있다.

혀에
손을 대고
"말 못하게
하는 사탄아!
예수 이름으로 나가라!"

기도하여
그 사람의
말문이 열렸다.

기도할 때는
어찌나 차분한지

그 숱한 사람의 옷을

다 반듯하게
잡아당겨 놓고
기도한다.

나는
안 예뻐도 괜찮지만
기도 방 오는 사람이
안 예쁜 것은
못 참는다.

그래서
머리 스타일부터
루즈 색까지
고쳐준다.

기도는
장작 땔 때같이
한꺼번에
활활 탈 때 해야 쉽다.

기도 안 하려고
문도 잠궈 봤다.

4. 우리들의 기도 방   193

영적으로
신기한 일이 많다.
속의 나쁜 것이
하품으로 빠진다.

우리 기도 방의
기도는 특별하다.

한쪽 눈이
감겼다가 뜬 아이,
정신이
안 좋다가 나은

사장님이
사업 잘하는 걸 보면
보람이 있다.

병 나아서
의대 공부하는 아이,
엄마가
욕심 부리지 않고
변화되어

아들이
좋아진 집안을 보면

보람이 쌓여
행복하다.

기도 받으러 오는 것도
하나님 뜻,
안 오는 것도
하나님 뜻이다.

교통사고 난 사람의
기도는
잠자는 신경을
살리기 때문에

기도 받고 나면
더 아프다.
아픈 게
좋은 것이다.

계속 받다 보면,
때가 되면 좋아진다.

턱관절이 잘못되어
씹지 못하던 사람이

기도 한번 받고

국수 먹고
두 번째는 고추,

세 번째엔 게발,
네 번째엔
오징어를 씹어 먹었다.

내 기도는
몸에 붙은
나쁜 것을
떼어주는 역할을 한다.

10번 나쁜 것이
들어갔으면
10번 빼야
건강해진다.

기도 받는 분이
믿음의 기도를
많이 하면

기도할 때
내가 힘이 안 들고
기도가
어렵지 않다.

기도 방은
이론과 실제가
같이
돌아가는 곳이다.

기도 방은
마음이 넓어지는
훈련을
하는 곳이다.

기도 방에 올 때,
믿음 없이
자기 몸만 위해
오는 건 안 된다.

하나님께
영광 돌리기 위해
이 자리에
오는 것이다.

기도해 주다가
가슴의 상처를
여며준다.

누가

4. 우리들의 기도 방

상처 줘도
이유를
묻지 말아야 한다.

능력 받으면
응급처치와
가족들은
기도해 줄 수 있다.

오염된 것,
잘못된 것들
묻어온 것을

지남철에
붙여 내어
다 빼내간다.
이래서 평생 기도다.

기도해 주면
나도 좋고
받는 사람도 좋아진다.

찬양하는 소리가
개 짖는 소리,
닭 우는 소리로

들린다는 사람도 있었다.

기도할 때,
손으로
정신병자 한 번 잡으면
꼼짝 못한다.

남의 말을
다 받아들이지 말고
자유롭게 기도하고
기도 받아야 한다.

회사 다닐 때도
힘들었는데
자기 사업하니

10배는 더 힘들다며
우울증
온 사람도 있었다.

기도할 식구가
너무 많이 늘어
감사할 시간이
많이 부족하다.

근심,
걱정할 시간이
대폭 늘었기 때문이다.

문제 있는
가정 있으면
마음이 항상
그 가정을 맴돈다.

바른 길로
물꼬를 돌려주니
영적 전투가
시작됐다.

속에
도사리고 있던 것이
드러났다.

꾸준히
기도 받으러 오니
지금은 다져져서

나쁜 탈 다 벗고
제정신이 나왔다.

자기 수치를
다 드러내고
내가 일러준 대로

순종을 잘해서
문제가
빨리 해결됐다.

우리 기도 방에는
가정마다
기적 없는 가정 없다.

기적이 일상화된 곳이
기도 방이다.
감사하지 않을 수 없다.

신경 많이 써서
머리에
콩 볶게 된
사람이 있었다.

예수 믿는 사람은
이런 병이
올 수 없다.

혈관이
지그재그로 위치해
순환이 안 되다가

기도해서
바르게 되니
순환이 잘됐다.

눈을
잘 감는 것도
감사해야 한다.

8개월 동안
눈 못 감던 사람이
오기 전날

밤새
눈을 뜨고
날밤을 샜다고 했다.

그 사람이
첫날 기도 받고
기도 방에서 4시간
잠자고 일어났다.

장이 제자리 있지 않고
붕 떠 있어
초등학교를 수시로
결석하던 학생도

다 나아서
대학생이 되었다.

내 기도는
손으로만 하니
부작용이 없다.

굳어지면 순환 안 된다.
기도해 주면
잠자는 신경을 깨워
건강해진다.

어려운 사람 있으면
나도
같이 아프다.

아픈 사람이 오기 전에
내게 미리
그 사람의 증세가
오기도 한다.

기도 방에서는
말실수
하지 말아야 한다.

"할머니는
연세가 어떻게 되슈?"
"50이에요."
"죽을죄를 졌네.

어떻게 이걸
보상할 수 있을까?"
병 고치러 왔다가
병 생긴다.

나는 목이 아파도
한 마디라도
더 가르치려
애쓴다.

예쁜 짓 안 해도
불쌍하고
또 하나님 나라를 위해

일해야 하므로
끊임없이, 꾸준히

기도해준다.

서산에서는
말 못하고
2년을 지내다
기도 받고

어느 날
울고 싶어
많이 울다가
말문이 터진 사람도 있다.

기분 안 좋은 것을
털어 놓으면
문제가
해결된다.

여기선
말 안 하면
치료가 안 된다.
자꾸 부딪치면
기도가 어렵다.

나처럼
모르는 사람도

다 기도해 주는
사람은 없다고 했다.

요새는
끈끈한 정이
없어졌다.

늦게 와서
기도 얼른 받고
빨리 가려고

인간적인
수단을 쓰면
온전한 열매를
맺지 못한다.

손발이 저린 건
좋아졌다는 증거다.
받아들이든 아니든
본인들 마음이다.

고집 세면
빨리 안 낫는다.
문제는 성격이다.

새벽 4시, 6시까지
소리 크게 내어
"예수 이름으로 나가라!"
기도했다.

나는 완전히
말귀 못 알아듣는 사람과
상대해
설득해서 변화시켰다.

주식하다가
재산을
다 날렸다고
하는 사람에게

예쁜 수평을 잡았다가
뽀로롱 날아갔다고
생각하라고 말해줬다.

다 내 것이
아니라고 생각해라.

기도가 손으로
슬쩍 만지는 것 같아도
침으로 말하자면

수백 방 맞는 것이다.

손 움직이는 것이
다 침이다.
순환이 막힌 곳을
침으로
뚫어주는 이치다.

조잘조잘하며
기도해 주는
사람은
나밖에 없다더라.

나는
신앙생활에
도움이 되라고
계속 얘기한다.

말을 잘 들어
변화되면
백 퍼센트 낫는다.

교회를 다니느냐?
여부에 관계없이
몸은 다 좋아진다.

기도 받는
자세가 중요하다.

몸이
다 들뜬 사람도 있다.
기도 받는
아이들이

내 손바닥은 불,
손가락은 침이고
손을 세우면
칼이라 했다.

나는
다른 사람이
마음 아픈 걸
못 참는다.

머리가 덜 영글어
흔들흔들하는
아이도 있다.

기도 받고
성숙해져
공부 잘해서

대학생 됐다.

얼굴 관리를
잘해야 한다.
기도 받으면
한 주간마다
금방금방 좋아진다.

병마는
미움 먹고 산다.

루게릭병 고쳐
목회자 된 사람도 있다.

수술 후에
바로 기도
안 해주는 것은

온몸의
신경이 예민해
편히 계셔야
하기 때문이다.

기도 받을 때
호스가

구부러졌다가
확! 펴지는 것같이

막혔던 혈관이
갑자기
확! 뚫어진다.

산만하고
살벌하며
비뚤어져
초점이 없던 사람이

기도 받고 밝아져
짓눌림 없이
가벼워졌다.

불만과
우울함이 변해
활기차졌다.

하나님의 능력으로
아내가 변화되니
가정이 안정됐다.

기도 방에서

사람들 먹는 입이
얼마나 예쁜지 모른다.
다 내가 벌어
먹이는 것 같다.

어떤 분은
내가 꿈속에 나타나
자기 남편의
손을 잡았는데

자고 나니
많이 부었던 몸이
다 나았다고 했다.

고맙다는 마음도
연결되나 보다.

우리 기도 방은
즐겁다기보다는
행복하다.

학교 안 가는
여학생의 엄마에게
아이를 칭찬해주고

사랑해주라고 했더니
학교에
다시 다니게 됐다.

엄마가
삐딱하게 나가면
애도
도로 삐딱하게 된다.

엄마가 안 변하면
되풀이한다.
잘못되어
나가는 것을
바로잡아 준다.

상상 속에 빠졌던
엄마가
변화되니
아이들도 좋아졌다.

사소한 거짓말이
이상하게 만든다.
지식적으로 따지면
빠져 나갈 데가 없다.

본 것도 없고
들은 것도 없으며
폭은 좁은데

자신을
대단하다고
생각했다니
너무 불쌍하다.

묶인 것 다 풀고
남편 뒷바라지
잘해야 한다.

머리 굴리면
축복권이 없다.

때가 되면
다 이루어 주실 것이다.

한 번
기도 받고
오그라진 것 펴지니
"할렐루야!" 했다.

한번은 펴졌지만

온몸과 발바닥을
계속 쪼아
자극을 줘야 한다.

어떤 사람은
자기가
서울대학교
나왔다고 했다.

서울대학교하고
기도와는
아무 상관없다.

"남편 몸으로
벌레가
들어간다고
생각해 봐라."

그 말 한 마디에
깨달음이 와서
벌레를
너무 열심히 잡아서
다 나아 미국으로 갔다.

뉴욕에서 기도할 때,

의사인 그 댁 아들이
"아버지가 저렇게 해서
뭘 나았겠나?"

의심했더니
저쪽으로
퍽! 나가 넘어졌다.

하나님께서
그 아들을
체험하게 해주셨다.

자기가 하나님의
능력을 의심했다고
회개했다.

내가
되풀이해 말하는 건
계속 잊지 않게
하기 위해서다.

내가
강조하지 않으면
잘못된 길로 가니까
말을 자꾸 하는 것이다.

난 원인을 딱 잡는다.

우리 기도 방에선
일주일에
한 번 기도 받아
세상 이기며
하루하루 산다.

너도 좋고
나도 좋고
함께 어울린다.

인생은
변화되는 것이 중요하다.
죽었다가 삼 일 만에
살아난 애기의 엄마가
고맙다고

반찬 뒤범벅된
도시락과
신문지에 싼
콩 누룽지를

똥 기저귀 든
가방에

함께 싸왔다.

하나님께서
"네가 이걸
더럽다고
안 먹으면
되겠니?" 하셔서

비위도 약한데
참아가며
다 먹었다.

젊어서
기도할 때는
피고름을
더러운 줄 모르고

같이 식사하고
남편 눈은
가려주시라고
기도했다.

비위가
약한 사람인데
하나님 사랑에

파묻히니
개의치 않게 됐다.

비위가 많이 약해도
중풍환자의
대소변, 고름은
조금도 더럽지 않았다.

기도 받고
팔꿈치가 아픈 건
막혔던 혈관이
뚫고 지나가느라
그런 것이다.

시기, 질투도
머리가 있어야 한다.

머리가
필요치 않은 것으로
꽉 차서 무거운데

기도해서
목에서 통로를 내어
아래로
순환되게 해주었다.

머리를
기도로 뚫어 놓으니
그때
생각이 나기 시작한다.

일할 사람을
기도해줘야
나라가 산다.

애들이나
부인이
속 썩이지 않으면
스트레스 받지 마라.

자기 마음
자기가 다스려야 한다.

아프면 체험해서
회개가 나온다.

기도로 계속 쪼아
속까지 들어가면
자기 몸에 닿아
순환이 된다.

마치 핫도그 속의
소시지와
만나는 것 같다.

산 속 큰 바위를 부셔서
조각 내고
가루를 만들면
순환되는 것이다.

시냇물 얼음이
켜켜로 쌓이듯
한 번 신경 쓸 때마다
몸에 쌓은 것을

기도로
차례차례 벗겨내면
순환된다.

암 터가 넓었는데
기도해 주니
작아졌다.

몸은
보일러와 같다.
막힘없이

잘 돌아가야 한다.

내 설명이
약 처방이다.

5. 가정은 사랑이 넘쳐야 한다

여자는
친정보다
시집을
먼저 섬겨야 한다.

가정에서
한 번 싸움하면
6개월 기도가
허사된다.

많이 싸워도
오래 같이
사는 부부도 있다.

부부는
싸움을 하더라도
속이면 안 된다.
정직해야 한다.

가정에서의 싸움이

애들, 엄마, 아빠 차례로
병의 뿌리를
집어넣는다.

집안에서
제일 좋은 것은
싸움 안 하고 사는 것이다.

가정에서
자꾸 싸우면
불행해진다.

집안에서
싸움하지 말고
남편이
싫어하는 것은 하지 말자.

싸움하면
뭔가 변화되고
좋아지는 점도 있다.

집안에서
싸움하면 손해난다.
여자가
맞춰 줘야 한다.

참고 또 참아라.
자식도 기도만 할 뿐
내버려 두어야 한다.
간섭하면 안 된다.

부모가 마음을 비우고
간섭하지 말아야 한다.
자식에게
대우 받을 생각 말아야 한다.

사식
쫓아다니지 말자.
애들 잘되게 하려고
너무 애쓰지 마라.

자식
너무 사랑하면
안 되니
남편에게 잘해라.

남편의 약점을
애들 앞에서
절대 말하면 안 된다.

부모가
지혜 있어야
자식이 효자 된다.

애들 교육은
부모가
어렵게 번 돈으로 시켜야
열매가 있다.

자기가 오염 되면
자기 가정이
좀 먹는다.

내 가정 하나
잘 지키는 것도,
남편, 자식에게

피해주지 않는 것도,
도와주는 것이다.
책임감이
있어야 한다.

언제 어떤 일이
생길지 모르므로
자손들이

항상
양심 곱게 살도록
기도해야 한다.

요즘은
자식들이
말썽부리고 일 친다.

부모가 천박하면
존경 받기 어렵다.
자식들과
지지고 볶지 말라.

부모가 잘못하면
자식이 받을 축복을
깎아 먹는다.

부부가
의견이 안 맞아
눈치 보고 불안하면
자식들이 힘이 약해진다.

인생은 각각이다.
부모에게서 벗어나
자기 인생 살아야 한다.

부모님은
돌아가신 후
후회하지 말고
살아 계실 때 잘해라.

부모님 잡수시는데
정성을 다해야
오래 사셔도 사시고
돌아가셔도 가신다.

부모님 계실 때 잘해라.
후회 없는
생활해야 한다.
잡수실 것 드리고
용돈도 드려야 한다.

부모에게도
해 드려가며
받을 생각해야 한다.

연세 드신 부모님에게는

"맛있게 드세요.
안녕히 주무세요."
부드럽게
좋은 말씀만 드려야 한다.

어른들에게서
상처받지 말고
실수를 하시더라도
감사하며 치워야 한다.

늙은 부모가
똥 조금 쌌을 때
감사하며 치워야지

불평하면
더 크게 번지고
나중엔 벽에 바른다.

부모님 잘 모시면
하나님이
축복 주신다.

부모님에게는
"네네"만 하고
남편에게

집중해 잘해야 한다.

비뚤어지게 가면
축복 없다.
부모 마음 바르면
애들이 축복 받는다.

똑똑한 부모 밑에서
자식들이
골병든다.

잘난 엄마
깨우치느라
애들이 고생한다.

공부 잘한 부모가
애들을 힘들게 한다.
자기 기준을
자식에게
적용하려 하기 때문이다.

딸을
공부 많이 시키면
나라엔 좋지만
결혼하긴 쉽지 않다.

결혼 안 해서
부모 속 썩이는 사람 많다.

기쁨을
회복해야 한다.
엄마가 지금 사는 모습이
장래에
아이들 사는 모습이다.

힘든 자식,
힘들지 않은 자식이 있다.
속 썩이던 애들도
나중에 변화된다.

사람은 엎어졌다,
뒤집어졌다 한다.
한때 속 썩여도
돌이킬 때까지
잘 참아줘야 한다.

자식이 속 썩이면
가정에서
사랑해줘야 한다.

가까운 원수가

가정에 있다.

다 잘하면
하나님 안 찾는다.
적 없으면
발전성 없다.

엄마가
속이 죽으면
자식 대에 가서
좋은 열매 맺는다.

"가시모자"라고
별명 지은 아이는
엄마가
교육학 박사인데

무엇이든
누군가
시키는 일만 했다.

엄마는
공부하는 줄 알지만
아이는
책상에 앉아

5. 가정은 사랑이 넘쳐야 한다

"어떻게 죽어야 하나?"
그 생각만 하는
아이도 있었다.
애들은 비밀이 많다.

자식 감싸는 것이
중요하다.
자식에 대해 불평하면

자식을
흠집 내는 것이다.
가족은 항상
감싸 안아야 한다.

애들 야단쳐서
기죽이면 안 된다.

애들 키울 때
얼마나
조심해야 하는지 모른다.

순수하고 사심 없이,
삶 속에서
은근한 가르침을
주어야 한다.

크리스천은
말과 행동으로
보여주니
모범이 된다.

"자손들이
하나님 영광
가리지 말고
영광 돌려 드리게 해주세요."

이 기도에
자손을 위한
기도가
다 들어 있다.

지금은 놀 때가 아니다.
애들을 위해
편안할 때
기도해야 한다.

군대 가서
"나를 잘 키워 주셔서
감사합니다."

편지할 때,

부모는 그동안
속 썩은 걸
다 잊는다.

교회 안 다녀도
말 잘 듣는
자식이 따로 있다.

자식 걱정하면
몸이 안 좋아진다.

후 끝이 좋으려면
부모가
정말 깨끗하게
살아야 한다.

물려 줄 것 없는
부모는
많이 물려주는 부모보다

자식에게
안타까운 사랑이
훨씬 더하다.

부모가 거짓말하고

수단 방법을 쓰면
자손의 끝이 안 좋다.

남보다 못한 자식은
불쌍히 여기고
더 사랑하고
더 기도해 주어야 한다.

엄마는
자식을 위해
많이 기도해야 한다.

애가 안 좋으면
사랑의 눈으로 쳐다보며
기도해야 한다.

자식은 선물이고
기업이다.

자식을
키울 때는 고생해도
나라에
보탬이 된다.

아버지 역할이

얼마나
중요한지 모른다.

전기선 같이
부모와 자식 간에
연결되어야 한다.

부모가 성실하고
고지식하며
처신을 올바르게 해야
자손이 올바르게 산다.

머리에 물 부으면
어디로 가나?
내가 나쁜 짓하면
자손들에게
나쁜 영향이 간다.

부모가
처신을 잘해야
자손이 잘된다.

부모는 자식에게
본을
보여줘야 한다.

끌고 가지 말고
자유를 줘야 한다.
애들은
자유를 줘야 한다.

절대 뭐라고
말하지 말고
부모로 인해
짐을 주지 말아야 한다.

요기 아프다,
조기 아프다
징징거리면
자식들도 싫증난다.

자식이 속 썩이면
얼른
자기를 돌아봐야 한다.
빨리 깨닫는 것이
중요하다.

부모는 자식에게
병 들 정도로
신경을
쓰지 말게 해야 한다.

자기가 가장 편애하는
자녀로부터
가장 고통을 받게 된다.
그 자녀가
제일 안 된다.

말을
극도로
조심해야 한다.

자식에겐
"잘 있었니?", "잘 가!"
밖에 할 말이 없다.

며느리한테
귀찮게 하지 말고
기대도 하지 마라.
"잘 있니?"만 하면 된다.

애들은
눈치 보지 않게
해주어야 한다.
엄마가
흔들리지 말아야 한다.

희생 없는 열매 없다.
내가 참으면
애들이 좋다.

애들은
눈치가 빠르기 때문에
엄마가
환하게 살아야 한다.

애 키울 때는
교회 일보다 아이들에게
집중해야 한다.

엄마, 아빠
사이좋게 사는 것이
자손들에게
큰 본이 된다

엄마가 말 잘 들으면
애가 좋아진다.

엄마가 기분 좋으면
애들도
엄마 영향 받아
좋아진다.

가정이
바로 서야 한다.
곤충도 새끼 먹이려고
저장하는데

부모는
자식 위해 희생해야
자식이 잘된다.

마음 고쳐야 부자 된다.
애들한테
"넌 부자야."

"넌 할 수 있어."
"넌 행복한 애야."
말해줘야 한다.

사랑 많이 받은 아이들은
자신감이 넘치고
기세등등,
혈기왕성하다.

애들은
남에게 베푸는 것을
배워야 한다.

손자들이
할아버지, 할머니 사랑을
듬뿍 받다가
잔이 넘쳐서

어버이날에
할아버지 할머니에게
꽃다발을 풍성하게
안겨 드렸다.

부모가
선하게 살아야 한다.

부모가
불평 불만하면
자식이 잘 안 풀린다.

부모가
바른 길 다녀야
애들이 바르게 자란다.
기도 많이 해야 한다.

지금 애들은
혼내키며
키우면 안 된다.

지금 세상은
애들을
괴롭히며 키우면 안 된다.
평생 상처 된다.

스트레스 잘 받는
자식에게는 자유를 줘라.
조급해서
성질 볶으면 안 좋다.

애들이 뭘 하려는데
멈추게 하면
그대로 스트레스 되니
애들을
절대 거스르지 마라.

애들한테
놀러가라고
돈도 주어야 한다.

애들이
이상하게 하고 다녀도
그냥 놔둬라.
뭐라 하면
자신감이 없어진다.

시기가 지나면
하라고 해도 하지 않는다.

문제 일으키는 아이에게는
혼내지 말고
달래고

갖고 싶은 것
다 사줘라!
맘을 풀어 줘야 한다.

애들 잘 키우려면
희생 없인 안 된다.

문제 일으키는
자녀 있으면
부모는
감당하기 어려우니

아무 말하지 말고
짐이 되지 않게
가만히 있어주면 된다.

부모가 참으면
자식이 편해진다.

자식이
진실성이 있다면
부모 마음을
절대 거스르지 않는다.

스무 살 된 애들은
부모 말
잘 듣지도 않는다.

부모를
무시하거나,
기대하고 의지하면,
나중에 힘들게 된다.

품위 없어지고
기쁨이나 행복이 없으며
허전해서
채워지지 않는다.

주니까 욕심이
더 많아지더라.

지금 애들이
속 썩이지
옛날 애들은 지금같이
속 썩이지 않았다.

속이는 자식
약점 말하지 말고
야단치지 말아야
그 애가
나중에 큰 인물 된다.

애를 다동다동 해야 하는데
엄마가 기도도
자기 고집대로
세게만 하면 안 된다.

엄마는
애들한테
이래라저래라 하지 마라.

엄마가
짤짤거리고 다니면
집안 꼴이 안 된다.

모임 자꾸 하지 말고
살림하고
애들 교육 잘 시키는 것이
중요하다.

아들 고쳐 달라고
하기 전에

"제가 뭘 고쳐야 하는지
가르쳐 주세요."
기도해야 한다

자식 걱정은
너무 많이
하지 말아야 한다.
인생 망하는 길이다.

자식은
하나님께 맡기고
기도에
집중해야 하는데

하나님께는 등한히 하고
자식에게
영양 뺏기고
에너지를 다 쓴다.

자식에게
너무 공 들이면
더 어렵게 된다.

유난히
자식을 잘해 주며 키웠더니
부모를 떠난다.

감싸는 자식이
오히려 안 된다.
손독, 눈독 들인 자식이
잘 안 된다.

한 자식이 속 썩이면
마음 그만 쓰고
다른 자식 있으니
마음을 비워라.

자식이 속 썩이면
나 자신을 돌아보아
얼른 회개해야 한다.

자식을 너무 사랑하면
안 풀리고
속 썩인다.

하나님 처방은
사람 처방과 다르다.
"가만히 기도만 해라."

유일한 처방이다.

아이가 안 좋을 땐
엄마가
눈을 똑바로 뜨고
강력하게 기도해라.

약해 보이면 안 된다
엄마의 목소리가
커야 이긴다.

예수 이름만이
가다가
멈추게 한다.

아이를 쳐다보면서도
슬쩍슬쩍
예수 이름으로 물리쳐라!
엄마가 강해야 한다.

자식의 문제 원인은
엄마에게 있다.
첫째는
남편과 하나가 돼야
무시당하지 않는다.

싫증나는 엄마도 있다.
엄마는
애들 비위를

잘 맞춰주어야 한다.
엄마가
잘 받아줘야 한다.

아이가
얼굴을 활짝 펴야
엄마 얼굴이 펴진다.

아이들에겐
엄마가
사랑을 아주 풍부하게
주어야 한다.

날카롭거나
너무 세서
부담이 가면 안 되고
수더분해야 좋다.

엄마가 눈이 풀어지면
애들이 부담 없다.
엄마는

더 사랑해줘야 한다.

엄마의 품이
애들에게는
얼마나
대단한 것인지 모른다.

기도 받는 게
중요한 것 아니라
엄마의 태도가 중요하다.

엄마는 자상하고
사랑이 많아야 좋다.

엄마는
애들에게
자주 말을 시켜야 한다.

엄마들이
처신을 잘해야
딸도 내 편이 된다.

엄마는 자식들에게
말 많이 하지 마라.
자식들이

힘이 빠진다.

철나고 나서
못되게 굴면
안 된다.

자식 의지하지 말고
엎으러지지도 말고
자유롭게
내버려 둬라.

자식에게
부담을 주지 않는
부모가 돼야 한다.

요즘
애들은 풍부한 세대다.
사랑이 있어야
자녀가 바르게 산다.

애들한테
자기 하고 싶은 것
실컷 하게 해주면
더 하고 싶어 하지 않는다.

실컷 놀고
하고 싶은 것 다 해보니
더 하고 싶지 않다고
아이들이 말했다.

공부보다
인간성이
우선 돼야 한다.

공부에
너무 신경 쓰지 마라.

공부 잘하는 사람은
공부 시키고
아니면
자기 하고 싶은 것 하고
살게 해줘야 한다.

월급쟁이는
그날그날 바듯 살지만
공부 덜하고도
성공한 사람이 많다.

돈도 있을 땐 있고
없을 땐 없으니

애들 자랄 때
여행도 하고
즐겁게 살아라.

애들은
폭을 넓게 해줘야 한다.

남 잘사는 것
시기하지 않으면
자식이 잘된다.

내 몸이라면 죽는 날까지
참을 수 있는데

남편이나 자식은
내 맘대로 할 수 없으니
포기할 건
포기해야 한다.

내가 희생하면
자식이 좋아진다.
축복권이 무섭다.

행복한 아이가
인사를 더 잘한다.

자식은
고루 살게
해주어야 한다.

믿는 우리라도
자식을
올바르게 가르치고
주관을 뚜렷하게,
바르게 세워줘야 한다.

요즘 애들이
어른을
대접하지 않는 것은
축복받지 못할 일이다.

내 가정
내가 지켜야 하는데
요즘은
젊은이들이
오염된 사람이 많다.

요즘 애들은
솔직해서
묶여 살지 않는다.

아이가
편치 않으면
가족들이 기쁨 없어
재미없게 살게 된다.

애들이 짜증내면
엄마는 참는 수밖에 없다.
자식을 낳았으면
책임을 져야 한다.

애가
이상하게 되는 것은
엄마에게 문제가 있다.
옷도 유행에
맞게 사줘라.

애들이
불평불만 없이
하고 싶은 대로
하게 해줘야 한다.

애들에겐
자유를
줘야 한다는 것을
잊으면 안 된다.

애들에게
상처주지 말아야 한다.
형제간에
차별하면 안 된다.

할 말, 안 할 말을
분별해야 한다.
기를 살려줘야 한다.

땍땍거리거나
징징거리면
집안이 좀 먹는다.
말이 중요하다.

애들 건드리면 큰일 난다.

애들이 재산 아닌가?
애들한테
아낌없이
투자해야 한다.

엄마는 자식을
너무 우상 삼지 말라.
부모가
제일 사랑하는 애를 치신다.

애들은
마음을 가다듬고
또 가다듬고
공부해라.

지금 애들은
올바르게 살며,
이유를 묻지 않는다.
나이든 세대에
맞추면 안 된다.

악을 품느냐?
선을 품느냐? 차이인데
결과는
자식 대에 드러난다.

애들 잘 지키는 것도
좋은 일이다.
나 하나, 내 가정 하나
잘 지키는 것이 중요하다.

내가 죽어져야
자식이
선하게 복 받으며
살게 된다.

애들을 선하게
키워야 한다.

애들이
집 있고
차 있고 건강하면
축복 받은 것이다.

애들은
풀어놔야 한다.

애들은 온유하게,
물 흐르는 것같이
키워야 한다.
사랑밖에 없다.

남편도
병 날 정도까지는
사랑하지 말아야 한다.

"병들만큼
사랑하진 마라"는 말은
한 사람이라도 건강해야
돌볼 수 있기 때문이다.

사랑하면
끝까지
참아주어야지

사랑한다면서도
볶아대면 안 된다.

남편을
잡으려면 확 잡고
아니면 다 포기하고
놓아줘라.

부부간에
어려움이 있을 때
얼굴을
남편 가슴에 묻고

실컷
통곡하면
해결이 날 것 같다.

죽지만 않으면,
다 놓아 놓고 살면,
다 풀어질 것 같다.

둘이 똑같이
해결이 될 것 같다.

그 다음에
너는 너대로, 나는 나대로,
서로를
자유롭게 해줄 것 같다.

상처가 아플 때
그 자리에
약 사다 바르는 것과 같다.
인생은 각각이다.

여자가
일 많이 하면
자연히
마음이 높아지기도 한다.

하늘을 뚫고
올라가는 교만도 있다.

부지런한 남편은
따라 가기 어렵다.
남편 일부터 처리하고
자기 일해야 한다.

남편 위해 희생해야
열매 맺는다.
억울하다는 말은
하지도 말아라.

여자가 활기차야
남자가 활기차게
일을 잘하게 된다.

남편이 속 썩이면
내가 어디서 막혔나
살펴봐야 한다.

남편 미워하면
빨리 회개해야 하다

속으로 종알거리며
불만하면
금방 알아차린다.

여자가
아무리 잘났어도
남편에게
순종해야 한다.

여자가
우울증 걸리면
남편만 고생한다.

남편에게 잘해야
복을 받는다.
남편에게
나쁜 얘기는 하지 말라.

외출할 때,
돈은 다
남자가 들고 다녀야 한다.

돈도 내고
짐 보따리도
들고 다니시게 해라.

남자는
차분하고
얌전한 것보다
강해야 한다.
사랑보다
존경이 더 필요하다.

대우만

받아봤기 때문에
남편이
70세 넘으시면
유리 그릇 다루듯 해야 한다.

집안에서
사랑 받는 것이
얼마나
중요한지 모른다.

사람은
얼마나 재미있게
살아야 하는지 모른다.

남편은
다 좋게 봐주어야 한다.
여자가
희생해야 한다.

남편이 욕하면
좋은 말로
바꿔서 들어라.

신앙 좋으면
남편한테 잘해야 한다.

남편 무시하면
자식이 잘못된다.

부부가
높은 데
비교하지 않고
서로 만족하면,

위생이 좋지 않아도
병 걸리지 않고
즐겁게
잘사는 사람들도 있다.

남자는
여자보다
몇 곱이나 약해

무슨 일 있으면
얼빠지고
정신적으로
안 좋아진다.

한순간 실수로
부인에게
크게 낭패 당한

남편도 있다.

남자가 여리면
세상 살기 어렵다.

결혼은 두 사람이
사이좋게 사는 것이
우선이다.
교회 다니는 것은
나중 문제다.

결혼할 때,
믿는 사람 만나려고
애쓰지 말고
사람을 먼저 봐라.

결혼할 때
배우자가 안 믿어도
본성만 착하면
차츰 살아가며
예수 믿게 된다.

살림은
여자가 하는 것 아니고
남자가 하는 것이다.

남자가 여자에게
잘 해주면

여자는
집 밖에 나가기 싫어지고
집에서 살림만
하고 싶어진다.

내세울 것 없어
싸우며 살고
울화통 터지더라도
사랑으로

끝까지
참아 줘야 한다.
하나님 편에서는
못 참을 것 없다.

남자가 못 벌면
여자가 벌어야 한다.
집도 없다면
남자는 힘이 떨어진다.

부부가
잠시 떨어졌다 만나면

정도 더 좋아진다.

울어도 못하고
억지 피워도 못하면
참는 수밖에 없다.

남자는
나이 먹으면
천방지축이 되니

여자가
감시의 눈을 갖고
분별해야 한다.

여자들이
진짜
정신 바짝 차려야 한다.

남편이 어디 가서
왕따 당하지 않으면
감사해야 한다.

남편이
왕 개구리로 태어났으면
부인은 어렵다.

배우자 없으면
살 수 없다는
마음을 가져야 하고

남편이나
아내가 있을 때,
후회 없이 잘해야 한다.

마음이 활발해야 한다.
남자가
집 안에만 있으면
폭이 좁아진다.

어지간하면
감사해야 한다.

여자는 단정해야 한다.
장소와 때에 맞춰
자기관리를
철저히 해야 한다.

여자도
딱딱거리고
활발해야 한다.
웃을 때가 있고

웃지 말아야 할 때가 있다.

배우자를
기도해 주면서
종알거리며
하면 안 된다.
사랑으로 해 주어야 한다.

재혼은
여자가
봉사정신으로 살아야
성공한다.

여자가 부지런해야
살림이 는다.
너무 일 잘하면
자기 신세 자기가 볶는다.

음식은
투덜거리며
만들면 안 된다.

여자가 밖에서
돈 벌 생각하지 말고
집에서

살림 잘하는 것도
버는 것이다.

미워하면
얼굴에
꺼풀을
뒤집어씌우는 것이다.

육의 생활인데
집에서 싸움하고
"주여! 주여!"
하면 되나?

남편 싫어하면서
새벽기도 안 빠지고
다니면 뭣하나?

세상적으로 보면
인성 교육을
잘해야 한다.

징징 짜는 여자,
잘못된 남자를
그렇게 살지 말라고
가르친다.

남편을
편하게 해 주어야 한다.
여자가 징징거리면
있는 것도
다 없어진다.

아내가
집에서 볶지 않고
편안하게 해주면
편한 마음으로
사업할 수 있다.

남편이
가스 틀어 놓고
나가지 않았으면
감사해라.

남편을
미운 눈으로 쳐다보면
눈이 나빠진다.

부부가 제일이다.
남편 떠받치고 살아야
진주도 빛이 난다.

절대로
부모에게서
돈 뺏어가지 마라.

자식 덕 보는 시대는
지났다.
부부밖에 없다.

거짓 없이 살고
가정이 행복하면
축복이 온다.

속 썩이는 부인은
남편이
가만 안 놔둔다.

가정이
행복해야 하니까.
또 자식은
따라 오게 되어 있으니까.

남편이 힘들게 하는 것,
이제 시작이야.
부인이 넓어야
잘해 나간다.

식구들이
어렵게 해도
핀잔하면 안 되고
건드리지 말아야 한다.

지금은
심술 많은 세상이라서
여자가 남편에게
지혜로
길을 인도해 주어야 한다.

가정에서 사랑 없으면
사는 재미없다.
"미운 짓해도 참아야지."
여자가 참아야지.

남편 미워하면
가슴 두근두근하며
일이 막힌다.

남편 미워한 사람은
빨리 돌이켜라.
그래야 축복권이 온다.
죄를 한 번 빼내는 것이다.

"있을 때 잘해."
"당신 없으면 못 살아."
"당신은 왜 늙었나?"
"그 자리가
얼마나 큰 줄 알아?"

집에서
천국을 이루어야
교회 가서도 좋다.
육의 남편에게도
잘해야 한다.

가정이 화목해야
교회 가서 은혜 받는다.

가정이 화목해야
교회도 살고
나라가 산다.

교회나 가정이나
힘들 때
식물에 물 듬뿍 주듯
사랑을 주어야 한다.

낮에는 남 본 듯,
밤에는 님 본 듯,
어른들 앞에서는
조심성 있게 행동했다.

두 부부에서 시작하여
부모, 자식, 며느리
식구 늘어나며
성숙하고 성장하여

사위, 며느리, 손주들
다 품을 수 있다.
그렇게 인생은
크는 것이다.

시집살이한 여자는
주관이 뚜렷해서
나이 들면
남자가
감당할 수 없다.

시댁이 부자이고
오래 시집살이 했고
시집살이가 셀수록
여자의 고집이
더 세진다.

5. 가정은 사랑이 넘쳐야 한다

여자가 사나운 것은
환경 탓이다.

남편을
어떻게 하면
기분 좋게 해줄까?

남편한테는
돈을 드려야 한다.
칭찬해줘야 한다.

남편에게
돈 적게 번다고 하면
도둑질하라는 건가?
자기는 벌었나?
생각해 봐야 한다.

욕심 많아
남편에게 앙앙거리면
도둑질을
가르치는 것이다.

남자는
돈을 갖고 다녀야
기를 편다.

여자가 돈을 갖고
앙앙거리면
남자의 폭이
좁아진다.

남편에게
최선을 다해라.

가정이 평안하면
가정에서
축복 받는다.

어렵지만
남편 하는 것을
막지 말라.
도와주고
가자면 가 줘야 한다.

선거에 나간다면
떨어지든지 말든지
뒷바라지 해줘야 한다.

"해결 안 되는 걸
한 번 받아 줘."
속 썩는 것 감추고

뒷바라지해야 한다.

모른 척하고
서 있어 주기만
해도 된다.

아내는
남편 속 썩이지 말고
어쨌든
남편을 도와 줘야 한다.

여자 얼굴이
으등거리면
될 것도 안 된다.
웃어야 한다.

불평, 불만,
비교를
집안에서 하면
애들에게도 안 좋다.

남자가
살기 어려운 세상이므로
여자가
초롱초롱해야 한다.

아내가
좋아진 것만 알아도
그 가정은
축복 받은 것이다.

여자는
보이지 않게 한이 있다.
막힌 것 있으면
빨리 고쳐야 한다.

여자는
허점이 보이고
흐트러진 사람이 좋다.

똑 부러진 여자는
남자가
같이 살기 어렵다.

여자가 너무 똑똑하면
힘들게 산다.
점 찍어가며
똑 소리 나면
남편이 힘들다.

남편에게

무섭게 말하지 마라.
남편 기죽이지 마라.
조곤조곤
따져서도 안 된다.

남자는
여자의 사랑을 먹어야
윤기 난다.

여자는 남편 앞에서
좀 어수룩한 것이 좋다.
여자는 남편에게
만만하게
보이는 것이 좋다.

평생 사나?
남편에겐
그냥 칭찬만
해줘야 한다.

여자는
아무리 잘났어도
남편 없으면
안 된다.

아내는
남편이 다동다동 해줘서
잘 데리고 살아야 한다.

아내는
알면서도 속고
모르면서도 속아줘라.

남편들이
"젊어서는
왜 그랬는지 몰라"
늙어서 지나간 세월을
후회하며 하는 말이다.

지나고 보면
남편 바람피운 일이
제일 견디기
쉬운 일이다.

남자가 젊어
바람피우면
평생에 한 번 오는
태풍이라 생각해라.

내가 잡을 수 없으면

놔줄 건 놔줘야 한다.
젊음이 끝까지 가나?
태풍이 매년 오나?

태풍은
일생에 한 번이니
기다리면
빛이 나는 때가 온다.

참으면
가치가 확 올라간다.
남보다
품위가 뛰어나다.

참는 사람도
어렵지만
이기는 사람도 어렵다.

'다 나 때문이다' 하고
회개하는 마음 가지면
빨리 회복된다.

경우 밝으면서
고집 세면
식구들이 짓눌린다.

"추억 좋아하네.
죽이는구먼."
그때는 어려웠지만
지내고 나면 다 추억이다.

나이 들면
활기차게,
힘 있게 사는
시기는 지난다.
식구가 많을수록 어렵다.

어지간한 남편과 살면
감사할 줄
알아야 한다.

어지간하면
기쁨으로
요동치며 살아야 한다.

잘난 남편 모시고
사는 것 어렵다.
남편이 건강하면
감사해라.

여자 역할이 크다.

남편 통해 상처 받으면
봉사하기 싫어지고
기쁨이 없어진다.

젊은 사람들 살기 어렵다.
남편에게 잘해야 한다.
여자가 잘해야
남편이 빗나가지 않는다.

여자가
나쁜 길 가게 하면
집안이 다 흔들리고
자손이 잘 안 된다.

"우리를
이용당하게 하는 귀신아!
예수 이름으로 나가라!

하나님!
불쌍히 여겨 주세요.
도와주세요." 기도해라.

남편이
여자를 믿을 만하면
여자에게

경제권을 주어야 한다.

집안이 좋아지려면
가족이 서로
싫증나게 되고

서로 우습게보면서
영이 막혀
일이 잘 되지 않는다.

열심히 일하고
깨끗이
사는 것이 제일 중요하다.

자식이 잘된다.
짧은 인생 왜 남편하고
떨어져 사나?

하나님도
부부가
떨어져 사는 것을
기뻐하지 않으실 것이다.

여자는 결혼하면
남자를 따라야 한다.

여자가 세 봤자
별것 아니고
화목해야
재산도 모은다.

하나님
축복을 받아야 하고
내가 행복해야
나라 일도 한다.

나 하나 잘 해도
식구들이 살고
나라가 잘 산다.
얼마나 가정이
중요한지 모른다.

여자가 착해도
마음 비우는 것이
중요하다.

가정에서
천국 이루어야 한다.
어떤 일 있어도
가정이 행복해야 한다.

어떻게 사느냐
하는 것이
중요하다.

가정에서는
내 인생
내가 즐겨야 한다.
그래야 밖에서도 즐겁다.

여자를
젊어서부터
아끼지 않으면
나이 들어 병든다.

"나 때문에
신경 쓰게 해서 미안해.
내가 잘못 살았네."
부인이 이렇게 말하면

남자는
세상 어떤 것도
이길 수 있다.

가족은 한 지체인데
말 한마디로

죽이기도 하고

살리기도 한다.
사랑한다면서
죽이는 것이다.

쇠가 쇠 먹고
살이 살 먹는다.

남편에게도
할 말이 있고
안 할 말이 있다.

여자는
생활력이 강해야 한다.
살림이 늘어야지,
줄면 안 된다.

식구들이
따라주지 않으면
섭섭하고 속상해
상처가 된다.

부부는
영적인 동역자다.

여자가 분별해서
가정을 꾸려야 한다.

가정에서의
영적싸움에는
부인이
이겨나가야 한다.

생각이 잘못되면
성공하고
돈 있어도
가정에 기쁨이 없다.

아버지 대에는
안 드러나도
자식 대에 가서
드러난다.
그래서 후손들이 안 좋다

우리는
후손이 잘 되도록
바르게 살아야 한다.

남자는
여자를 잘 만나야 한다.

하와처럼
여자가 남자를 잘못된 길로
인도하는 경우도 있다.

여자가 살림을 잘해야
남편이 행복하다.

남자가 사업 실패하면
여자가
정신을 똑바로 차려
먹고 살 준비를 해야 한다.

가족 앞에서
눈물 찔끔거리지
말아야 한다.
정신 바짝 차리고
살아야 한다.

우리가 건강해야
자손이
마음 편히 일한다.

자기 가족끼리만 살면
나라에
보탬이 안 된다.

있을 때 잘하고
남편 돌아가시면
그때부터
새로운 인생 살아야 한다.

자식이 결혼하면
느끼는 것이
많이 생긴다.

돈도 안 드는
사랑도 못하나?
돈으로 사는 것이
더 쉽다고 하는
사람도 있다.

첫째는 집안에서
행복해야 한다.
싸움하면
영양이 빠진다.

여자가
극성스러우면
일이 안 된다.

부부가

변화되면
가정 문제 해결된다.

젊어서 잘해야
늙어 대우 받는다.

사랑은 암도 낫게 한다.
식구끼리
주물러 주어가며
병을 고친다.

남편들은
속 안 썩이는 사람 없다.
다 여자가
참아 주어야 한다.

흉이 아니라
인생사는 것
다 그렇고 그렇다.

지나고 나면
다 추억이다.
인생은 다 지나가니까.

남편의 마음을 고치려면

여자가 희생해서
그 비위를
다 맞춰줘야 한다.

배우자와 마음이
꼭 맞는 부부는
드물다.

여자는
엄마 역할,
누나 역할
애인 역할을 다 해야 한다.

여자가
엄숙하면
만만치 않다.

살림은
여자한테 달렸다.

부부는 솔직해야 한다.
기도 방은
옛날 속 썩은 것도
다 드러내는 곳이다.

남자는
대우해주면
한도 끝도 없다

남자 속 썩는 것과
여자 속 썩는 것은
차이가 많다.

여자는
신경을 많이 쓰면
몸이 약해진다.

여자가
두 배 정도
더 빨리 병이 든다.

젊어서 참고 살다가
나이 들어
폭발하는 경우가 있다.

남편을
놓아 주어서
편하게 해주어야
여유가 생긴다.

여자가 징징 짜면
남편도 피곤해진다.
사랑을 넣어가며
남편에게
말을 걸어야 한다.

좀 기분 나빠도
손을 꼭 잡아야 한다.

남편 뒷바라지 잘 해라.
그래야 늙어서
행복하다.
손 꼭 잡고 다녀라.

남편이 아프면
여자가 나서야 한다.
남편을
무시하면 안 된다.

젊게, 건강하게,
즐겁게 져주며,
멋지게 살자.

나이 들어
자손이 아프면

부모는 같이 병든다.

부부가 서로 주무르며
등도 긁어 주며
기도해주다 보면
사이도 좋아진다.

여자는
남자보다
겪은 것이 많아
다 품을 수 있다.

하루를
눈 뜨고 다니면 감사,
부인이 같이 사는 것도
감사해야 한다.

불평, 불만하면
행복이
오다가도 물러간다.

아플수록
나 하나 죽더라도
가족들을
안정시켜야 한다.

즐겁지 않아도
즐겁게 살아야 한다.

보물 있는 데 도둑 있다.
식구 많으면
분란 없을 수 없다.

누구에게서
뭔가를 받으면
갚으려고
무진 애를 쓰니까
가정이 복 받는다.

부부가
둘 다 잘나면
참기 어렵다
여자가 참아야지.

'들러므 삼켜라!'
세 번만 삼키면
다시는
속에서 안 나온다.

올바른 하나님을 만나니
가족들이 회복됐다.

가족끼리 똘똘 뭉쳐야지
남하고 뭉치면 소용없다.

빨리 신앙으로 거듭나서
자기의 습관, 버릇을
버리지 않으면
자식을 깎는다.

울음 가득한 얼굴보다
이왕이면
밝은 얼굴로
가족을 대해야 좋다.

사랑도
하다 보면 습관 된다.
"굉장히 쉬운 거여."
늙으면 참아진다.

남편이 병들면
죽으라고 매달려야 한다.

여자 속 폭폭
썩여주는 게
남자다.
대화를 많이 할수록

사이가 나빠지기도 한다.

남자는
아무리 좋다 해도
다 어렵다.

가정에서
누군가 세면
인간관계가 안 좋아진다.

여자가 세면
집안이 안 된다.
여자가 고집 세면
남편이 손해 본다.

똑똑한 데다
눈에 보이니까
따지면 남편이 어렵다.

가정이 행복해야
사랑이
이웃으로 흘러간다.
우리 식구부터 챙겨라.

인생 사는 게

쉬운 것 아니지만
자기 마음에
맞지 않는 것도
참으면 된다.

살았을 땐 모르는데
돌아가시면
어떻게 살았는지
드러난다.

자유 없어지면
남자는 기죽는다.

여자가 한 마디
구박하면
남자는 금방 기죽는다.
예쁜 여자들이 차갑다.

남편이 거실에서
잠드시면 억지로라도
방으로

모시고 가야 한다.
중풍이
올 수 있기 때문이다.

똑똑한 남자들은
나이 들수록
주관이 뚜렷해진다.

믿지 않는 남편이라도
아내가
지혜롭게 잘 하면
나중에
신앙의 자유를 준다.

좋아도 싫어도
맞춰 주는 것이
부부다.
더불어 사는 것이다.

여자에게는
남편이
사랑을 듬뿍 줘야 한다.
부부밖에 없으니
있을 때 잘해야 한다.

가정은
여자가 희생해서
살림을 늘린다.

형제들은
일 년에
몇 번 만나더라도
화목해야 한다.

가정에서 화목하며
사랑이 있어야
사랑이
이웃으로 흘러가게 된다.

벌레가 순식간에
이파리를
갉아먹는 것처럼
남편 아니면 자식이
갉아먹는다.

먹고 살 것 있고
집 있으면
감사해야 한다.

속 넓은 남자는
많지 않다.
정 각각, 흉 각각이다.
남자 속은 모른다.

여자가 참지,
남자가 참나?
하는 것은
참는 능력,

희생하는 능력이
여자에게
더 있다는 얘기다.

"당신이 그렇게 말해 주니
여유가 생기네.
고마워요."

여자의 말 한 마디가
얼마나
중요한지 모른다.

여자가
주관 뚜렷하여
자기 가정을
챙겨야 한다.

원수도
사랑하라 하셨는데
부부가 사랑하지 못하면

5. 가정은 사랑이 넘쳐야 한다

안 된다.

가정에선
거짓이 없어야
축복이 온다.
하나님은 절대적이다.

체험적인
신앙생활하면서
한 사람이 희생하면
집안이 좋아지고

집안이 좋으니
식구들이
구김살 없다.

여자는 늙어도
극성스러우면
절대 안 된다.
집안이 안 된다.

우리 집에
들어온 나쁜 영은
결사적으로
기도하여

물리쳐야 한다.

진실은
마음에서 나온다.
겉으로만 위해줘도
진심 없으면
사랑으로 연결되지 않는다.

남편 거스르지 말고
말대꾸하지 말고
분통 터져도
종알거리지 말고
사랑으로 참아야 한다.

남편이
폭력 안 쓰면
감사해야 한다.

돈 아껴서
자식 주려는 생각 말고
남편에게 제일 좋은 것을
정성껏 대접해라.

여자는 나이 들수록
지혜롭고 똑똑해진다.

분통 터진 여자는
빨리 죽는다.

"여보!
내가 있으니까 좋지?"

참는 것은
얼마든지 할 수 있다.

욕심 부리면
가족들이 손해 본다.
정신 바짝 차리고
살아야 한다.

속에서 불평이
나오지 못하게
들이크 삼켜라.

남편이
욕해도 괜찮다.
져주기만 하면 된다.

남편이 막 야단쳐도
따지지 말라.
따져야 할 것을

말하지 말고

내가
더 좋은 사람 되라고
하시나 보다 생각해라.

"당신 정말 멋있다."
성경 공부보다
실생활에서 변화시킨다.

남편이 못 벌면
없애지 않는 것도
감사해라.
못 버는 남편이라도
남편이 복덩어리다.

능력 있는 여자는
돈 버는 티를
조금도 내면 안 된다.

남자는 집에서
존경받고 대우 받으면
당당하게
사회에서 자기 역할을
잘할 수 있다.

5. 가정은 사랑이 넘쳐야 한다 251

남편을
편하게 해주며
믿음직한
부인이 되어야 한다.

신랑 잘 만나서
대우해주니
모르는 것 많던 사람도
좋게 변화됐다.

지식적으로
아무리 똑똑해도
먼저
내 가정이 튼튼해야 한다.

가정이 있어야
신앙도 있는 것이다.
하나님은
다 고르게 주신다.

가정에서도
살기가
산만해져서 어렵다.
있을 때 잘해야 한다.

여자가
안정된 생활을 못하고
헤매고
다니는 사람 많다.

결혼을 잘하면
여자가
가정을 이끌어간다.

가정에서
섭섭한 것이 나오면
집안이 좀 먹는다.

여자의 눈물이
수도꼭지면
남자의 눈물은 피다.

여자가 조울증 오면
남편이
부인에게
완전한 자유를
주어야 한다.

부모는 정직해야 한다.
말보다

마음을 다스려야 한다.
거짓 있으면
집안이 좀 먹는다.

부부간에도
말을 해야
무슨 생각하는지 알고
해결이 난다.

남편이 우울하면
좋은 얘기를
자꾸 해줘야 한다.
남편을
즐겁게 해주어야 한다.

나쁜 씨도
열매 맺으니
조심해야 한다.

젊어서
부인을 일 많이 시키면
늙어서
남편이 고생한다.

집에서 남편이

뭐라 해도
아무 말 말아라.

남자가
밖에서 안 좋으면
집에 와서 화내게 된다.

뜻대로 안 되는 게
인생이다.
너무 흥분하지 말고
가족끼리
똘똘 뭉쳐야 한다.

미운 짓해도
사랑하라 하시니까
손잡고 잔다.

집에서 말하기 싫어
전화로
대화하는 부부도 있다.

형제 우애,
부부 화목 있어야
덕이 되고
재산도 간직하고 산다.

5. 가정은 사랑이 넘쳐야 한다

자기 가정 하나
잘 지키는 것이 봉사다.

늙은 시어머니보다
젊은 며느리가
살림 더 잘한다.

사람은 돈 때문에
죽고, 징역 가고 하는데
쌀 한 짝 집에 있고
사랑만 있으면 산다.

여자가
똑똑하지 않은 것이
좋은 점도 많다.

여자가 나이 먹으면
남자가 이길 수 없다.

재산을
많이 남겨준 자식이
잘 못산다.

가족이 제일 중요하다.
부부간에는

항상
조심조심해야 한다.

잘못된 생각을 버리면
가정의
즐거움을 알게 되고
누릴 줄 알게 되며

인생이
고달프지 않고
살기 편해진다.

남편이 계신 것은
여자에게
행운이다.

집에서 사랑 받는 것은
얼굴을 보면 안다.
사람은 얼굴에

윤기가 나와야 한다.
남자도
얼굴이 번쩍번쩍해야
무시당하지 않는다.

남자는
보호해 줘야 한다.
사랑밖엔 없다.

자식이
속 썩이지 않으면
부모가 건강하게 산다.

사랑이 있어야
고생 덜하고
대가도 있다.
보일러라면
돌아가는 것이다.

남편이 아프면
죽을 때 죽더라도
여자가
최선을 다해야 한다.

하나님은 공평하시다.
여자가
인물이 없을 때
남편이 구박하면

설 자리가 없어지니

남편의 사랑을
많이 받는다.

울 일 있으면
혼자
애들 보지 않는 데서
하나님 앞에서
울어야 한다.

분별 안 됐는데
여자가 회개를 많이 하니
가정 흔들리던 것이
바로 잡혔다.

사랑한다면
희생도 해줘야 한다.

가족들에게
광신처럼
보이면 안 된다.

여자는 순해야 한다.
그렇지 않으면
남자가 질린다.

살아온 것
다동다동하고 지내야 한다.
만만하게 보이면
허점이 된다.

돌아간 사람은 잊고
앞으로 애들과
살아갈 것이 중요하다.

이 세상은
육의 생활이므로
식구들 밥 차려주고
교회 가야 한다.
살림부터 잘 해야 한다.

자식에게
'너는 너,
나는 나' 하며
너무 깔끔 떨어도 안 된다.

식구 늘면
걱정이 더 는다.
기도만 한다고
되는 것 아니고

행동에서, 눈에서
진짜 사랑을
느끼게 해주어야 한다.

참아서 병 된다.
여자가
속상한 것 참으면
치매 온다.

식구들에게
아프다고
말하지 말고
자기 몸
자기가 잘 간수해야 한다.

여자가 고집 세면
집안도 잘 안 되고
인정을 못 받는다.

남편이
술 마시고 때리면서
돈 벌어오라고
하지 않으면
감사해라.

가정에서
떳떳하지 못하면
복이 없다.

부모가 어떻게 사느냐가
중요하다.
변질되면 안 된다.

십일조나
부모님 용돈은
부부가
의논해서 드려야 한다.

남편이 아프셔도
아무 말 안 하고
주물러 드리면 된다.
최선을 다하면
후회 없다.

여자가
중심을 잘 잡아서
가정을
잘 인도해야 한다.

남편에게

공을 들여야
건강 유지하신다.

옆도, 앞도 보지 말고
정신 바짝 차려
가정 살림
열심히 해야 한다.

주관이 뚜렷해서
애들하고 살아야 하고
살림을
열심히 해야 한다.
바보같이 보이면 안 된다.

남자도
흐리멍덩해 보이면
안 된다.
마음만 좋아도 안 된다.

부자지간에
미움이 쌓이고
쌓인 것이 많으면
끝까지 정 없다.

마음 가다듬는

훈련이 필요하다.

부부 사이에는
상처 때문에
용서 없게 된다.
정떨어져서
애착심이 없어진다.

부부도
갈 길이 따로 있다.
"죽으려면 죽어."

이 말만은
정이 전부
떨어지는 말이다.

절대 하면 안 된다.
"당신 죽으면
안 된다" 해야 한다.

하나님께서
깨닫게 하셔서
억지로
폭을 넓혀 주셨다.

부부는 남남인데
좋을 때는 부부고
안 좋을 땐
남남보다 못하다.

마음의 상처가
독이다.
식중독 균보다 더하다.

식중독 균은
마음속에
들어가 퍼지진 않는다.

몸에
독이 못 들어오게
울타리 쳐야 한다.

가족이
매일 싸우면
살기 어렵다.

부부가
둘만 있으면
싫증나고 짜증나고
죄만 짓는다.

집에 가도
재미없으면
밖에서
놀다 가는 게 인간이다.

분하면
자기가 다친다.
웃어야 된다.

"자기 죽으면 줄 섰어.
여자 마음
알아주는 남자가
어디 있어?"

여자가 마음이
꽁하지 말고
뱃속 편히 살아야

남편이 살기 좋다.
시간이 가면
알게 된다.

남자는
여자보다 둔하고
희생정신이 없다.

남자들은
조금만
상처 줘도 안 된다.

아빠의 행동이 나쁘면
후손이 안 좋다.
빨리 끊어야 한다.

가정에서
화날 일
만들지 말아야 한다.

중얼거리며
만드는 음식은
독약이다.

남자도
사랑 받을
행동을 해야 한다.

가정에서
남편이나 자녀가
어렵게 해도
언젠가는
그 고비를 넘어가야 한다.

고비를
못 넘기면
평생 고생한다.

누군가 희생하여
그 고비를 넘어가야
가정이 편하고
병이 안 든다.

안 맞는 것을 고쳐
순리대로 살아야 한다.

부부가
사랑해야 한다.
그렇지 않으면 살 수 없다.

똑똑한 남자일수록
고집이 더 세다.
어떤 남자가
여자한테 끌려가나?

내가 내 마음을
달래가면서
즐겁게,
행복하게 살아야 한다.

교회도 교회지만
가정이
제일 행복해야 한다.

믿음 있어야
행복한 가정 된다.
용기를 줘서
새 생활하게 된다.

6. 세상 사는 지혜

서울에선 때에 따라서
할 말은 하고
참을 것은
참아야 한다.

서울의
똑똑한 사람들은
폼을 잡아서
더 병든다.

시골에선
폼을 안 잡아서
편히 산다.

서울 사람은 약하다.
무식하면 강하다.

서울의
똑똑한 사람들이
잠 안 자고 일해

나라가 산다.

내 몸 내가 지키며
하루하루
즐겁게 살면 된다.

사람을
즐겁게 해주어야 한다.
필요 없는 것에
에너지
뺏기지 말아야 한다.

만원 받고
5000원어치 일하면
5000원 도둑질한 것이다.
받은 만큼
최선을 다해야 한다.

물건 쓰다가
고장 나기도 해야

수리하는 사람도
먹고 살지.

무슨 물건이든
수명이 있다.

어떤 생각을 하고
어떤 사람을
만나느냐가 중요하다.

사람은
너무 머리 굴리다가
걸 넘는 수가 있다
조심해야 한다.

무능한데다
야단맞으면
더 잘못한다.

해적, 깡패집단 등
잘못된 집단은
근처도
가지 말아야 한다.

좋은 머리를

나쁜 데 쓰면
나쁜 일만 생긴다.

"좋은 일에 쓸게요."
분수에 맞지 않게
높은 마음을 가지면
힘든 일이 생긴다.

애들이
이 세상을 앞으로
어떻게 헤쳐 나가야 하나
걱정된다.

위험한 운동이나
위태로운
취미 생활하는
사람을 보면

저런 자손
두지 않게
해주셔서 감사한다.
위험한 곳에는
가지 말아야 한다.

세상은

점점 사랑이 식어
예전에는
커피 잔도 6인조였는데

4인조로,
2인조에서
요즘은 혼자
마시는 잔을 판다.

마음이 넓어야
성격도 좋아진다.
옛 사람
벗어버려야 한다.

엔도르핀이
팍팍 나오게
우울한 옛사람
벗어 버려라.

눈을
초롱초롱하게 떠서
정신 바짝
차리고 다녀라.

아무리 울 일 있어도

속으로 울고
겉으로는 웃어라.

남에게
궂어 보일 필요가 없다.

잘못된 생각하면
너도 죽고
나도 죽는다.

기왕 어그러진 일인데
징징 짜면
오던 복도 나간다.

노래도,
찬양도 아닌 것을
콧노래처럼 "흥흥" 거리면

마음에
근심이 있거나,
좋지 않은 일이
있는 것이다.

좌로나 우로나
치우치지 않고

6. 세상 사는 지혜

하루하루
마음 지키는 것 어렵다.

사기꾼이
도처에 있으니
정신 바짝 차리고
속지 말라.

사람 자체가
나쁜 것 아니라
마귀가 껴서 그렇다.

사기꾼도
미워하면 안 된다.
미워하면
자식이 안 좋다.

인생 살아가면서는
말 한마디로
복을 받기도 하고
복을 깎기도 한다.

요즘은
살기 어려운 세상이라
어지간하면

즐겁게,
감사하며 살아야 한다.

어려워도
행복은
자기가 만들어야 한다.

내가 잘나갈 때
겸손해야 한다.
좋다고
너무 흥분하지
말아야 한다.

슬거운 성격이 좋다.
어떤 줄에
서느냐가 중요하다.
어떤 사람을
만나느냐가 중요하다.

자기 멋대로 살게
내버려 두어라.
너무 멋대로면
암도 못 건든다.

사람은 요동치니

심술 버려야 한다.
심술 피자면
한도 끝도 없다.

봉사 정신 없으면
안 된다.

지역사회
발전을 위해서라도
봉사 정신 가져라.

자기를
즐겁게 표현하는 것이
삶의 기쁨의
70퍼센트는 차지한다.

마음이
삐딱하면 안 된다.
마음이 예뻐야 한다.

하루하루
착하게 살다 보면
모여서
착한 일생이 된다.

오늘 하루 감사하며
즐겁게 살면
매일 쌓여져
즐거운 일생이 된다.

하루를
하나님 안에서
즐겁게 살고

다음 날도
그렇게 살다 보면
한 달, 일 년,
그리고 일생이 된다.

하루가 중요하다.
하루를 살아도
행복할 수 있다면
그렇게 살아야 한다.

오늘 살아 있는 것에
감사해야 한다.

인생 사는 것은
물 흐르는 대로
살아야 한다.

인생은
생각에 달렸다.
꼼꼼하게 따지면
어렵다.

젊어지는 비결은
첫째, 남을 도와주는 것.
둘째, 항상
감사하는 마음을 갖는 것이다.

"잘될 수도 있지만
안 될 수도 있죠."
하나님 뜻이라면
실패도 할 수 있지만

자기가
하고 싶으면
한 번은 해봐야 한다.

상대방이 화낼 때는
순하게 말해야 한다.
무시하거나 핀잔하면
더 잘못되게 나갈 수 있다.

돈으로

모든 것이
해결되는 게 아니다.
경고를 무시하면 안 된다.

본인이
자기 마음을 조절해야 한다.
양심이 발라야
복 받는다.

인생 살면서는
짐을 벗을 수가 없으니
그냥 가다보면
큰 상이 기다린다.

인생은
흰 구름도 지나가고
먹구름도
지나가며 사는 것이다.
인생사는 것 다 별것 아니다.

사는 것 참 어렵다.
"인생 사는 게 이거구먼."
죽는 것도 순간이다.
다 지나가리라.

인생은
내가
다 마무리하고 갈 수 없다.
인생 끝나는 것도
잠깐이더라.

남 흉 볼 것 없다.
누구나
근심 걱정
없는 사람 없다.

인생은 산 너머 산이다.
분하면 다친다.
사는 것 다 각자다.
정신 상태가 좋아야 한다.

인생 사는 것
한도 끝도 없다.

인생길은
가도 가도 끝이 없다.
생각을
어디에 두느냐가 문제다.

활달하고

편한 마음으로 살아야 한다.
자기가
즐거움을 개발해서
여행도 하고
재미있게 살아야 한다.

각자 자기 인생
즐겁게 살아라.
인생 다 지내고 보니
다 추억이네.

얼굴에서
기쁨을 하나도
찾아볼 수 없는 사람도

마음이 바꿔지면
인생이 바꿔진다.
빨리빨리 바꿔야 한다.

천천히 둘러 가는 것이
인생인데
급히 가려는 것이
문제다.

인생을 살다 보면
참는 것이 최고다.
누구 핑계 대지 말고
나 하나 잘해 나가면 된다.

내가 붙잡아도
소용없고
심는 대로 거둔다.
그것이 인생이다.

인생은
고생만 하다 간다.

사람은 참 불쌍하고
인생 사는 것
참 허무하다.
희생 없이는
행복할 수 없다.

자기만 위해 사는 건
안 된다.
욕심이 없어야 한다.

인생 길지 않으니
멋지게 살자.

인생이 멋지면
짧게 느껴진다.

내일 죽더라도
인생 멋지게 살아라.
하루를 잘 살아라.
이제 시작이다.

호강하려는 생각
다 빼고
인생은 주어진 데서
다시 시작해야 한다.

어려운 데서
좋은 길이 나온다.
인생이 활짝 핀다.

사람은
다 성격 차이가 있는데
머리 좋으면
앞일을 당겨서
걱정하기도 한다.

환경이 복잡한 만큼
마음을 뺏긴다.

하루에도 몇 번씩
마음을
안정되게 가다듬어야 한다.

심술을 부리거나
조작을 해서
남에게 피해를 주면

처음엔
이문이 남는 것 같으나
나중에는
후손이 손해 보게 된다.

사람에게는
잘 보일 필요도,
핍박할 필요도 없다.
속지 않는 생활해야 한다.

얼굴 관리를
잘해야 한다.
싸우거나 미워하면

얼굴에
그대로 박힌다.
마음이 얼굴이다.

내가 무언가 했다고
말하면 안 된다.

벼이삭, 보리이삭 봐도
가라지는
고개 바짝 쳐들고
알곡은 고개를 숙인다.

정보가 없으면
고달프게 산다.

잘못된 습관,
버릇을 다 고쳐야 한다.
교회 등록하면
하나님 나라가 확장되듯이

아이가
정신 바짝 차려
열심히 공부하면
나라가 부강해진다.

어린애들이
잘돼야
나라가 잘된다.
다 때가 있다.

몇몇 사람 때문에
나라가 산다.

머리 아프게
공부한 사람들이
나라를
걸머지고 나간다.

똑똑한 사람들 덕분에
나라가 먹고 산다.
개인적으로는
똑똑할수록 어렵다.

나라가 잘살아야
후손이 잘산다.
항상
좋은 생각을 해야 한다.

좋은 세상에
왕장왕장 하면
발전할 시기를
낭비하게 된다.
지금 우리가 놀 때가 아니다

우리나라는 지하철에서

노인에게
자리 양보하는 미덕이
아직 남아 있다.

나는 우리나라에
기도하는 사람이 많아서
하나님께서
불쌍히 여겨
주실 거라고 말한다.

우리나라 사람은
정이 많다.
잘못된 사람도 있지만
잘된 사람도 많다.

자유는
세계적으로 다니며
느끼고 배우며

자기도 살고
나라도 살리는 것이다.
변화된다.

우리나라는
외모를 보고

사람을 뽑지만
사람 보는 눈은 따로 있다.

처녀는 남편이 없어
남자 속을 모른다.
잘못되는 일을 통해
나라가 걸러진다.
맑아진다.

마지막으로
부정부패의
뿌리를 없애는 것 같다.
정화시키는 것 같다.

빨리 깨달아서
하나님이
주시는 복을 받아야 한다.

면장은
면민을 위해
봉사하는 사람이다.

세금 많이 내면
당당하다
국민 한 사람이

잘돼야
나라가 잘된다.

나라, 교회, 가정,
개인 모두
변화가 잘 안 된다.

국민이 먼저
변화 되어야 한다.

개인이,
나 하나가 변하면
가정, 교회,
나라가 변한다.

우리나라는
잘살게 되어 있다.
우리나라 사람은
똑똑하다.

때가 되면
우리나라가 좋아질 것이다.

한국 사람은
머리가 좋아서

조금만 노력하면
먹고 산다.

우리 민족은
몸이 재빠르고
부지런하며
강하다.

인물 좋고,
솜씨 좋고,
지혜롭고, 부지런하다.

지금은
가짜와 진짜가 섞여
분별을
잘해야 하는 때이다.

우리는
정직하게 살아야 한다.
잘못된 것에서
빨리 돌이키면
빨리 행복이 온다.

잘될 때
조심해야 한다.

정신 차려야 한다.
정치도 마찬가지다.

살면서
감옥 안 간 것도
크게 감사해야 한다.

우리나라를 위해
뭔가 개발해
나라에
도움이 되어야 한다.

우리나라가
정신 바짝 차리면
외국에서
대우 받는다.

젊은 사람들이
헤쳐 나가지 않으면
나라가 위험해진다.

젊은 세대가
정신 바짝
차리지 않으면
오염된다.

젊은 세대가
정신 바짝 차려서
나라 이름을
날려야 한다.

우리 젊은이들이
하나님 주시는 지혜로
세계에
나라 이름을

날리게 해 달라고
기도한다.
그래야 개인도 살고
나라도 산다.

성실, 정직하고
미움 없어야
성공한다.

부정을
안 저지른 사람이
나라를 위해 일하면

젊은이들도
깨끗하게 살아

나라 위해
열심히 일할 것이다.

우리나라는
배고픈 것은 해결했는데
남 잘되면
배 아픈 것을
고쳐야 한다.

사촌이 땅 사면
배 아픈 것을
고쳐야
우리나라가 잘 된다.

형제간에,
부자지간에 땅 사면
배 아픈 것이
우리 민족이다.

집에서 사랑이 넘쳐
이웃으로, 나라로
뻗어나가는

우리나라가 되어야 한다.
시시하게

6. 세상 사는 지혜

살 때가 아니다.

나라나 가정
다 평안해야지
이렇게 좋은 나라에서
왜 싸움 하나?

나라나 정권
핍박하면
자식이 못산다.
자손들이 잘돼야 한다.

가정이
편하지 않으면
나라 생각할 여유가 없다.

우리나라는
하나님이
밝혀내 주신다.
지금은 비밀이 없다.

우리나라는
하나님이 다듬어 주신다.
누구라도 우리나라
못 살기 원하는 사람

어디 있겠나?

생각을
잘못한 것뿐이니
그들을 위해
기도해줘야 한다.

우리는 모두
사랑하는 마음을 가져야 한다.

활기차게 살아야
애들도 좋다.
우리나라는 열정이 있어
소망이 있다.

우리나라 사람들은
없어도
참 즐기며 산다.

시골에서도
외국 여행
안 간 사람 없다.

하나하나
기도로

풀어 주셔야 한다.

나라의 잘못된 것을
한강물 밑의 것까지
다 드러냈다.
뒤집어질수록
더 좋은 것이다.

사람 속을 알게 됐다.
사람 자체가
나쁜 것 아니라
그게 옳은 줄 알고
따라간 것뿐이다.

지금은
나라가
왕장왕장 하지만
앞으로는

거짓 없는
세상 될 것이다
속임수가
통하지 않는 세상이 온다.

필요치 않은

"으싸으싸" 하는 데는
가지 마라.
자식과 가정이
다 안 좋아진다.

나라의 큰 문제
해결하려면
기도밖에 없고
참된 사랑으로
참아야 한다.

나라, 교회, 가정이
어지러워도
혈기나 미움 때문에
믿지 않는 사람은
다스릴 수 없다.

진정한 믿음 있는
사람만이
다스릴 수 있다.

대통령을 위해서는
하나님의
지혜를 주시라고
기도해야 한다.

내게
돌아오는 것이
없다 해도
나라가 잘돼야 한다.

우리나라가
잘 살아야 한다.

정신 바짝 차려
일할 만하면 일해야지.
손만 부지런하면
시골에선 먹고살 만하다.

된장, 고추장
만들어 팔면
돈 벌 수 있다.

나는
누가 어렵게 산다면
속상하다.

세상이
다 똑같지 않으니
잘난 사람이
다독다독 해야 한다.

마음을 비우는 것이
첫째이고
그 다음은
나누는 것이 축복이다.

직원을
가족으로 생각하고
대우해 주는 분은
사업이 잘 된다.

사업가는
아버지 같이,
한 가족 같이
사랑이 넘치게 해주어야

직원들이
즐겁게 일할 수 있다.

직원을 대할 때,
평등한 의식을 갖고
권위적이지 않아야

직원들이
진심으로
회사를 위해 일하게 된다.

사업은
정직하고 고지식해야
잘된다.

사업은 진실하게
있는 그대로 해야 한다.
지금은
손해 보는 것 같지만
나중에는 좋다.

진실성 있고
돈 욕심이 없어야
사업을 해서
다른 사람을
벌어 먹일 수 있다.

돈이 따르는
사람이 따로 있다.
사업은
키우고 싶어 하게 되어 있다.

생각이 바로 서서
뭐든 할 수 있다는
마음으로 해야
사업이 성공한다.

사업하려면
정당하게, 즐겁게 해라.

기업이 잘 돼서
외화를 많이 벌어

몸이나
정신이 안 좋은
사람들을
돌봐줘야 한다.

회사를 경영할 때,
지경을
넓혀야 하는데
자기 자식만 알면
폭이 점점 좁아진다.

몸 축갈 정도로
신경 쓰며
사업하지 마라.

사람은 다 바뀌지고
지나고 나면
다 별것 아니다.

회사에서
밑의 사람에게
허점을 보이지 않아야

나중에
큰 손해를 보지 않는다.
고집 부리면
나중에 큰 손해난다.

과학은
어떤 마음을 가지고
연구하느냐가
중요하다.

공부를 할 때,
책이나
컴퓨터만 보지 말고
밖으로 나가

직접 자연을 보고
느끼는 것이
시야를 넓히는 것이다.

장미만 예쁜 것 아니라
들판의 야생화도

작지만 예쁘니

그런 것도 보며
밖에 나가
살피면서 연구해라.

외국에서 공부하려면
"예수 이름으로
물러가라!"를
자주 해야 한다.

외국에 나가 보면
서양 사람은
구부러진 사람이 없다.

걷는 길이
반듯하지 않고
지그재그 걷게 만들었다.

유럽에서는
길을 울퉁불퉁 만들어서
걸으며 자세를
바로잡아 주는데

우리나라 사람들은

쪼그리고 앉아
나물 다듬고

앉아서
하는 일이 많아
늙으면
허리가 구부러진다.

욕심과 질투에선
남의 몸을 살리는
연구가 나올 수 없다.

역사도 역사지만
학자는
역사를 뛰어넘어야 한다.

과거만
연구하지 말고
무엇을 어떻게 해서
발전성 있게 나아갈까?
연구해야 한다.

앞으로 어떻게
한국, 중국, 일본이
협력해서

나아가야 할까? 등을
역사 연구를 통해
알아내야 한다.

인본주의에서
하나님 위주의
신본주의로 가야
앞길이 환히 펼쳐진다.

마음은
바꿀 수 있기 때문에
무엇을 어떻게 해야

발전성 있게
나아가는지
알아가야 한다.

교회만
열심히 다니면 다 되나?
연구하고

노력하는 분들 때문에
우리가 산다.

속이 똑똑해서

6. 세상 사는 지혜 279

속지 않고
알찬 사람은

사람과 어울리지 않고
조용히 자기 일의
연구만 한다.

사람은
끝이 좋아야 한다.
마음이 착하고
바르게 살아야 한다.

남의 말은
분별해야 한다.
악에 복받친 사람도 있다.

딱딱한 땅
뚫는 것과
비 온 땅 같이
물렁물렁한 땅에

스르르
쏙쏙 들어가는
것은 다르다.

자아가
안 깨지면
힘들게 살아야 한다.
속으로 골병든다.

분별하는
생각이 안 나온다.

남을 핍박할 때,
가만있으면 본전이고
동조하면
축복이 깎인다.

공부 파고드는
남자도 어렵다.
공부 잘해서

좋은 집,
좋은 차 갖고 싶어
열심히 공부한다.

나를 위해,
나를 세우기 위해
책을 쓰는 경우가 많다.

교만의 시대는 지나갔다.
잘났다고
내세울 때가 아니다.
공평한 시대가 왔다.

큰 사람은
크게 놀아야 한다.
자기 것
개발하고 사는 것이
멋진 인생이다.

지도자는
잘난 척하거나
설치지 말아야 하는데

지도자로서의
자격은 없이
무게만 잡기도 한다.

모임에서
똑똑한 사람을 내쫓고
당을 만들고,
봉사정신은 없다.

주기도 하고,

받기도 해봐야
줄 줄 안다.

보고 들어야
안목이 생긴다.
손님 접대도
많이 해 보아야 하고

분별이 있어야 한다.
밥 사는 게
축복권이다.

모임에서
분별없는 행동하는
사람 있을 때

회장은
책임감을 갖고
그 사람의 마음을
안정시키는 것이 옳다.

회원 한 사람이
안 보이면
배 타고라도
다시 가서

끝까지 찾아
돌보는 마음을
가져야 한다.
그런 역할을 해야 한다.

사랑이란 것이
뭐냐 하면
간섭이다.

지혜 있는 사람은
할 말과
안 할 말을 가려 한다.

안 좋은 것은
봐도
못 본 척해야 한다.

마음이
두 갈래로
갈라진 사람이 많다.

남을 생각하는 사람은
폭 넓은 사람이다.
남을 안 돌아 보면
마음이 좁은 사람이다.

잠 못 이루면
생각이 많은 것이다.

요즘에는
아는 것이 너무 많아
결혼도 잘 안 한다.

하늘의 푸른 구름은
꼭 박혀 있지만
풀어지면

하얀 뭉게구름
떠다니는 것같이
연해진다.

정신이 맑아야
좋은 그림 나온다.

지나간 것
되풀이 말하지 말고
다 툴툴 털고

즐겁게 살아야 한다.
자기 몸 관리만
잘해도 좋다.

세상 사람들은
남의 말로 시작해서
남의 말로 끝난다.

안 좋은 말은
속으로만 해라.
덕이 안 되는 말은
하지 마라.

눈에는
내면을 보는 눈,
독이 오른 눈이 있다.

매도 매일 맞아보면
별 것 아니다.
면역성 생겨
흔들 사람 없다.

"왜 사람들이 이럴죠?"
너무 잘해주면
감사할 일이
권리인 줄 안다.
무식하면 용감하다.

줄 잘 서야
인생이 바꿔진다.
인생에 있어서
만남의 축복의 의미는
아주 크다.

발 한 번
잘못 디디면
회복하기 어렵다.
소생하기 어렵다.

한 번 상처는
일생 가니
실수하지 말아야 한다.

흐린 정신을 버리고
정신 바짝 차려야 한다.

좋은 생각할 때,
복이 오고
나쁜 생각하면
애들에게
칼 주는 것과 같다.

고집 세고
말귀 못 알아들으면

6. 세상 사는 지혜 283

지혜 없고
인생길이 늦어진다.
손해가 엄청나게 난다.

사랑도
지혜가 있어야 한다.
지혜가 있으면
형제간 우애,
남편과의 사랑이 다 온다.

마음이
넓지 않으면 안 된다.
마음이 넓어서
다 품어야 한다.

잘못된 사상에
사로잡히면
듣기는 들어도
멍하고

부부관계는
단절되고
나사가
빠진 것 같아진다.

사람은
누구라도 와서
괴롭히게 되어 있다.

배우자나 자식, 부모,
아니면
이웃이라도 와서
괴롭게 한다.

그러니 누구와도
싸우지 말고
성질부리지 말아야 한다.

옷은 아직
입을 만할 때
다른 사람에게

주어야 한다.
좋은 옷을
남에게 주어야 한다.

가난한 나라를
보고 느끼는 것이
공부다.

시골은
마늘 캐주면 마늘 주고
사과 따주면

흠집 난 거라도
사과 준다.
먹고는 살 수 있다.

시골에서는
노력만 하면
먹고 살 수 있다.

시골생활에서
배우는 것이 너무 많다.
시골 살기
어려운 점도 있다.

조금만 마음에
안 맞거나
시기, 질투 나면
자기 성질을
이기지 못한다.

질투, 시기도
막으면 된다.

시기, 질투,
심술은 왜 할까?
머리가 좋아서
생기는 것 같다.

부러움에서 시작해
샘으로, 더 발전해
시기, 질투된다.

비교, 시기, 질투하면
힘들게 산다.

지금은
비교하는 때가 지났다.
시기 질투하는
시대도 지났다.

가난할 때는
친구 많았으나
세상이 발달하면서
사람도 발달해
시기 질투가 많아졌다.

시기 질투가
없을 수 없으나

6. 세상 사는 지혜 285

뿌리부터
잘라 버려야 한다.

시기, 질투하는 사람은
절대
축복 받지 못한다.

시기, 질투하며
잘못 살면
가정으로 들어오는
축복을 막는다.

시기하는 사람에게
복을 주면
잘 갈은 칼을
아이한테 주는 것과 같다.

시기 질투 있으면
좋은 글이
안 나온다

"오죽하면 책에 썼겠나?"
우리는
희생해야 한다.

하나 주면
두 손 잡고 감사하며
멋지게 살고

두 개 주면
두 개 갖고
멋지게 살아라.

아등바등 살지 마라.
복 받고
못 받는 것은

아주 작은 데서,
자기 생각이 옳다고
우기는 데서
갈리는 것이다.

아주 작은 거짓에서
나중에는
큰 복이
갈려 나가게 된다.

일이나 음식 장만,
무엇이든
자기 일은

즐겁게 해야 한다.

최선을 다하고,
하나님이
보고 계시니
솔직하게 살아야 한다.

누구 의지하지 말고
독립적으로 살자.
세상에는 나와
아무 상관없는 것이
너무 많다.

사람이 많이
왔다 갔다 해도
통로가 막히면,

모든 사람이
그렇게 소통이 안 되면
안 좋다.

사람에 대한
기본 애정,
인정이 없으면
사람을 이용하거나

미련 없이 자른다.
남을 이용하면
복을 받을 수 없다.

판단하면 안 된다.
판단은
내 앞길을 막는다.
남을 판단하면 안 된다.

내게
피해 주지 않았으면
판단하지
말아야 한다.

조곤조곤하는 사람이
더 무섭다.

사람도
동물의 본성이 있다.
인격 존중하는
세상이 아니다.

시류에 따라
휩쓸려 가다가
뭐가 뭔지도 모르고

6. 세상 사는 지혜 **287**

따라간다.

지금은
뱁새 시대가 왔다.

백로는
잘난 척만 하고
뱁새는 다 모여서
재잘재잘 재미있다.

지금은
자기 좋은 대로
살아야 하는 때다.

바탕이 좋아야 한다.
어떻게든 조금이라도
남에게
도움이 되어야 한다.

열 받는 성격은
참 안 좋은
성격이다.
성질이 오두방정하면
자기 자신을 볶는다.

나쁜 습관은
끊어 버려야 한다.
교양은
아무나 갖는 것이 아니다.

교회만 다닌다고
복을 받는 것 아니다.
마음이 예뻐야 한다.

사람 만남의 어려움은
어떤 것도
이해할 수 있다.
사람 세계이니까.

땅에서
뛰어 넘어야 한다.

어려움 없으면
사람이 변화되기 힘들다.

항상 좋은
생각만 하면
좋은 길이 열린다.

재수하면

아이가
성장하게 된다.

마음이 제일 중요하다.
어려운 일 통해서
배워 나간다.

마음
편하게 살아야 한다.
어지간하면
감사하고 살아야 한다.

내가
여기 오게 된 것도 감사,
하루를 무사히 살면 감사,
교회에
발 디디는 것도 감사하다.

어려운 일 당했을 때
우리나라에
도움을 준 나라들에게,

그리고
나를 도와준 사람들에게
항상 감사해야 한다.

미국은
6.25 때 우리나라에
구호물자를 주어
물질을 순환시켰다.

바닥나도
감사해야 한다.
감사로 나가야 한다.

감사하지 않는 것은
막힌 것이다.
첫째는
감사하는 것이 기본이다.

주어진 데서 감사하고
사랑해야 한다.

생각이
다른 사람들의
특징은
감사를 모르는 것이다.

말로 감사 안 하면
축복 없다.
몸에 배게

감사해야 한다.

감사 안 하는 건
마음이
인색해서이다.

감사가 축복인데
돈을 내서가 아니라
말로라도 해야
축복권이 온다.

감사도
하고 싶을 때 해야 한다.
감사하려면
힌없이 감사하게 된다.

착하고
미련한 사람보다
사납고
슬거운 사람이 낫다.

슬겁다는 것은
보기보다 너그럽고
제법 미덥다는 말이다.

사람을
잘 만나야 한다.

기분이 안 좋으면
초라해진다.

착하면서
멍청하면 어렵다.
이용당한다.

근심, 걱정 다
자기가
짊어지고 사는 사람이 있다.
예민한 사람이다.

젊어서
하고 싶은 것을
못하고 살면
항상 갈증을
느끼고 살게 된다.

진실과
거짓은 갈라진다.
때가 어느 때라고 속나?

인격을 깎는데도
잘해주면
우습게 보고
이용하려 한다.

솔직한 것이 지혜다.
있는 그대로
살아야 한다.

사람 하나 잘못 만나면
인생 망치는 것
순간적이다.

이용당하지
말아야 한다.
자기의 좋은 것을
도둑맞지 말아야 한다.

사람이 나쁘다기보다는
필요치 않은 말을
많이 하는데

거기에 넘어가
끌려 다니지 말아야 한다.

믿지 않는 사람들에게
자식 흠 내는 말하면
안 된다.

말을 해서는
안 될 사람이 있다.
나쁜 말
끄집어내는 사람이 있다.

할 말이 있고
안 할 말이 있다.
어떤 생각을 갖고 있나?
선택이 중요하다.

저 사람이
어떻게
받아들일지 모르니까
할 말 다 하면 안 된다.

꼭 할 말만 하고
말 한 마디라도
줄여야 한다.

절대
남의 말 하면 안 된다.

날카롭게 살면 안 된다.

좋게 해 준다면서
상처 주는 말만 하는
사람도 있다.

바늘 끝으로
자주자주
찌르는 것과 같다.

책임지지 못할 말은
하지 말아야 한다.
친구들과도
떼져 다니지 말아야 한다.

나라, 가정, 교회
다 말이 씨 된다.
나는
"나라가 좋아질 거야"
라고 자주 말한다.

남 핍박하는 말은
거들지도 말라.
나쁜 말은
들어주지 말라.

거짓말하는 사람,
말을 돌리는 사람은
안 된다.

"미치겠네.
지겹다. 징그럽다"는 말도
하지 말아야 한다.

남 얘기하는 사람과는
절대 놀지 마라.
말투가
얼마나 중요한지 모른다.

연설할 때는
말을 간단히 하고
문자를
많이 쓰지 말아야 한다.

고통은
죽음과 마찬가지다.

우리는
발전성 있는 일을 위해
앞으로 나가야 한다.

첫째는 신경이다.
즐겁게 사는 것이
제일인데

분통 터지는 걸
막으려면
원수를
사랑하는 길밖에 없다.

우리가
하나님이 될 수는
없지 않나?

번성하라 하셨는데
부모를 떠나
결혼해야 한다.

나라에
꼭 필요한 사람인데
왜 결혼을 안 하나?

나이 들어 멋 부리면
골병든다.

내가 잘났다고
생각하고
폼을 너무 잡으면
몸이 망가진다.

너무 멋 부리면
기가 빠지고
정신적으로 뺏긴다.

저 하나 좋자고
취미 생활하는 것은
식구들에게
피해를 준다.

마음이 비뚤어지면
좋은 집도
잘못 사용하게 된다.

배운 사람이
잘났다고 뻐기다가
빨리 무너진다.

배우지 못한 사람들은
사기도 못 친다.
머리 좋은 사람들이
정말 어렵다.

머리 터지게
아픈 사람도 있다.
심술 있고
진실성 없으면 안 좋다.

진실성이
제일 중요하다.
사랑 있고
진실해야 한다.

진실한 사랑이냐?
위선이냐?
진실한 사랑은
사랑 하나로 끝난다.

진실은 단순하다.
모습까지
보여 줄 것도 없다.

모습은
만드는 것이고
좋게 보여 주는 것이며
가장할 수 있다.

겉포장이며
위장할 수 있다.

모습보다
마음이 중요하다.
첫째는
마음이 중요하지 않나?

순수하지 않으니
확대한다.

속으론 안 좋은데
감고 뒤튼다면
인생이
고달프고
풀리지 않는다.

수고 없는 대가 없다.
아이들이
좋은 결실 가져오고
먹구름에서 벗어나
빛이 온다.

남을 괴롭히면
자기가 죽는다.
사랑 하나면 끝이다.

토를 달지 말라.

"이제 시작이야."
죽고 사는 것
순간적이다.

미운 사람 많으면
자기 앞길이 막힌다.

남에게
꾸어줄지언정
꾸면 덕이 안 된다.
내가 못살면 안 된다.

보고 들은 게 없으면
잘못한 것을
옳다고 우긴다.
시간 낭비하지 말고
다 좋게 살면 된다.

가족이나
다른 사람에게
짐을
지워주지 말아야 한다.

바다의 돌이
파도에게
계속 닦여야 하듯

사람도
갈고 닦고 갈고 닦아야
겸손해진다.
눈을 위로 떠라.

물 한 모금을
남에게 줘도
마음과 사랑을
정성껏 담아,

인색하지 않게
풍부히
대접해야 한다.

길은 달라도
마음이 넓어
여러 사람을
위하는 사람이면

하나님께서
복을 주신다.

복은 마음에서 나온다.

사랑은
누가 갖다
주는 것이 아니다.

정 많고
반반한 사람이 좋다.
마실마실한 여자가 좋다.
우아하고
꼿꼿한 사람은 어렵다.

사는 건
한계가 있다.
자유롭게 살아야 한다.

"그저 그렇다."
말 한 마디,
발자국 소리만
들어도
그 사람의 속을 안다.

잘못된 것도
원인을 찾아서
물 흐르는 대로

변화되게 해야지
또박또박
따지면 안 된다.

기분이 좋을 때도,
나쁠 때도 있는데
그때, 그때
분별을 잘해야 한다.

살림을 잘해도
고칠 점이 많고
야무지지 못한 사람도 있다.
돈을 모으지 못한다.

욕심은 있는데
노력은 안 하면서
다른 사람이
잘사는 것을 속상해 하면
몸이 축 간다.

순해도
생각을 잘못해서
남에게 손해 끼치면
자기도 손해난다.

뭐든지
맡겨 주신 건
사명을 가지고
즐겁게 해야 한다.

자기 마음 고치는 건
자기 몫이다.
자기 위해 고치라는 거지
나 위해
고치라는 것 아니다.

거짓말은
완전하지 않으므로
절대 하면 안 된다.

진실하지 않고
솔직하지 않은
사람은 좋지 않다.

남에게 절대로
피해 주지
말아야 한다.

세대를 따라
발전해야 한다.

식당에서
야채 썰 때도
손님 잡수시고
건강하시라고
사랑으로 썰어야 한다.

제일 중요한 것은
남이 말하는 것을
잘 듣는 일이다.

슬픈 노래를
많이 부르면
우울증 올 수 있다.

슬픈 노래는
눈을 아래로
깔게 되고
우울한 마음을 준다.

어두운 그림도
슬픔을 준다.

열심히 일해서
열심히 사는 것이
우리들이 사는 방법이다.

도랑물도
둘러놓을 탓이다.
사상을 바꿔서
팔자가 구자 됐다.

남의 딸한테 잘해야
내 딸이 잘되고
남의 사위에게 잘해야
내 사위가 잘된다.

못된 마음먹으면
어린 아이에게
칼 쥐어준 것과 같아
잘 살 수 없다.

있는 사람, 없는 사람
다 살기 어렵다.

술 취한 사람을
무시하지 마라.

술은
조금만 마셔도
끌려 다니며
정신이 흐려진다.

술을 마시지 말고
몸을
잘 챙겨야 한다.

급한 사람은
급한 대로 맞춰 주고
느긋한 사람은
느긋하게 맞춰 주면 된다.

악착같이
머리 굴려서
사는 것보다

손해 보는 것 같아도
이수룩하게
사는 사람이
잘살게 된다.

핍박 받아본
사람만이
남을 사랑할 수 있다.
있는 사람들은
배고픔을 몰라준다.

겸손하지 않고

눈이 높아
어른답지 못하게 살면
겉 넘은 것이다.

나쁜 역할
나오기 전에
절제해야 한다.

섭섭한 마음 들면
나중에
감당하기 어렵고
사람 사이도 나빠진다.

섭섭한 마음을 없애면
앞으로
더 어려울 것을
막는다.

계속 당하면
폭발하기 전에,
분노 쌓인 것이나

마음속의 독을
많이 울어서
풀어야 한다.

싸움도
지혜롭게 해야 한다.
제일 가까운 사람끼리의
싸움이 제일 어렵다.

성경에는
좋은 얘기도 있고
어려운 말씀도 있지만

지금은
자기가
살아야 하는 때이다.
정직이 중요하다.

살아가며
솔직해야
문제가 풀어진다.
거짓이 없어야 한다.

올바르지 못하게
사는 사람은
자기가 고생한다.

잘못된 옛날 풍습은
다 없애야 한다.

본성이 급한 사람,
느긋한 사람이 있다.
성격 차인데
분별을 어떻게 하나?

'몰라서 그렇지' 하고
좋게 생각하면
내 마음에
자리 잡지 않는다.

자리 잡으면
악령이 역사한다.

"요즘은 하나님도
외모가
중요하신가봐."

예쁘지 않은
마음을 가지니
모습마저 안 예뻐진다.

예쁜 얼굴도
30대부터
관리를 잘해야 한다.

하나님 앞에
울고불고 기도하면
피부가 참 좋아진다.

기도 자리에서는
앉아만 있어도
예뻐진다.

인생의 수렁 같이
사람이
가지 말아야
할 데가 있고
갈 데가 있다.

남을 먼저
생각하는 마음 가지면
하나님이
잘되게 해주신다.

순하면
이용당하기 쉽다.
날카롭게 보여야 한다.

사람은
여자나 남자나 같다.

다 지내고 보면
별것 아니다.

지금은
다 어울리는 세상이다.
다 품어야 한다.
마음 넓어야
자기가 살기 좋다.

지혜로와야
작은 공간도
규모 있게 사용하고

쓸모없이
늘어놓거나
어지르지 않는다.

머리가 안 돌아가면
머리 돌아가기까지
기도해야지

수준이 낮으면
생각을
잘 할 수 없다.

젊은 사람들이
얼마나 여유가 없는지
이해해 줘야 한다.

지금은
인사도 안 하는
세상이 됐다.

마음 좁고 여리거나
머리가 똑똑하면 어렵다.
차라리
사나운 사람이 낫다.

마음 넓혀
변화되면
참 행복해진다.

걱정 근심 있으면
옷의 먼지 털듯이
탁! 털어버려라.

탈진하면 의욕 없다.
사람은
가만히 있지 않고
요동친다.

영양가 없는 말을
한없이
늘어놓는 사람도 있다.

세상에 대해
넓은 눈을 떠라.

그 사람의 마음을
이해하고
참는 것이
자기를 다스리는 것이다.

베풀지 않으니
끝까지 어렵더라.

다른 사람 착한 것을
자기를 위해
이용하면 안 된다.

정신이 바로 서야
이 세상을
이겨 나갈 수 있다.
정신이 흐리면 안 된다.

문제 해결하려면

내 고집,
옛 사람을
벗어버려야 한다.

병 낫고 나면
평범한 사람들은
바로 잊지만

지혜로운 사람은
감사하다고
연락해 온다.

오늘이 중요하고,
내일은 더 중요하다.
안 좋은 소리만 하면
안 된다.

내 마음에 꼭 맞는
회사가
어디 있나?

주어진 직업에
죽도록 충성하는 것이
최선이다.

직장생활 잘못하면
결혼생활도
적응 못한다.

직장에서
몇 명 비위도 못 맞추면
앞으로 어떻게
어려운 인생길을
살아갈 것이냐?

꿋꿋이 참고 나가야
승리한다.

어려운 직업도
성격 차이로
잘 감당할 수 있다.

직장에선
초라함에 묶이지 말고
당당해라.

좀 아프다고
직장 빠지면 안 된다.

윗사람이
밑의 사람에게
애기할 때는

첫째, 겸손하라.
둘째, 헛웃음 치지 말라.
셋째, 손짓하지 말라.

넷째, 눈을 위로 떴다,
아래로 떴다 하며
부드럽게 말해라.

사람은
계속되는 시련을 통해서
성숙해진다.

사람이 성숙해 가며
"그 큰일을 해냈는데."
생각하면
못할 일 없다.

사랑만 있으면
모든 것이 해결된다.
정 있으면
끌리게 된다.

사랑이 있어야
치료도 된다.
사랑이 제일 중요하다.
사랑과
정직이 너무 중요하다.

선한 사람,
아닌 사람이 섞여 산다.

마음 편하고
욕심 없어지니
일이 잘 풀리더라.
마음 비워야
욕심 없어진다.

신문도 보고
티브이도 보며
세상 돌아가는 것도
알아야 한다.

지금은
숨어진 것도
다 드러나는
세상이 됐다.

속 좁으면
불평불만만 나온다.

많은 사람을
만나 봤지만
결론은
참는 것밖에 없다.

문을
조금 열어 주면
사람이 개발된다.

잘못한 것을
다 숨겨주기만 하면
발전성 없다.

분통 터지지 말고
속으로 참지 말고
먼저
꼼꼼한 성격부터 고쳐라.

속상하면
예민한 것이다.
어지간하면
즐겁게 살아라.

첫째는
성질부터 고쳐라.
헛점 많아
만만한 편이 낫다.

스스로 열 받는 성격,
복잡하게 생각하는
성격이 있는데
그 성격을 버려야 한다.

지식 많은 사람보다
욕심 없고
지혜로운 사람이 낫다.

욕심 부리지 말고
주어진 데서
열심히 일하되
마음을 비우고 해라.

누구 말할 것 없이
나 하나 고치고
나 하나
바르게 사는 것이 중요하다.

행복을 느끼면

세상이 뒤집어진다.
행복 하나만 가지면
그걸로 끝난다.

만족, 사랑,
기분 좋은 것이
금이라면
행복은 다이아몬드다.

좋아하는 것보다,
사랑스러운 것보다,
만족스러운 것보다,

행복은
더 이상
바랄 것이 없는 것이다.

행복하면
무엇이건
갈급할 것이 없다.
갖고 싶은 것도 없다.

음식이라면
실컷 먹어
다시 먹고

싶지 않은 것과 같다.

행복도
단계 단계 높아진다.
행복이 심화된다.

한 알의 밀알이 썩어져
많은 열매 맺듯이
의사공부는 어렵지만

환자들이
얼굴만 봐도
푸근하고 편안한 의사가 된
사람이 있다.

앞으로는 사람들이
악해서 살기 어렵다.
올바르지 않게 살면
자기가 손해난다.

점점 어려워지고
외로워질 때,
인생 살아가며
깨닫는 것이 있다.

첫째는 진실하고
둘째, 성실하면
잘살게 된다.

바다 낚시하는 사람,
정치하는 사람,
사업하는 사람 부인들
정말 고생한다.

정신 바짝 차려서
작은 데서
열심히 노력해야 한다.

믿지 않는 사람들과는
함께 어울리되
잘못된 데
빠지지만 않으면 된다.

사람은
가난한 곳에서도
살아보고
부자동네에서도 살아봐야
배우고 느끼는 점이 많다.

사람은

초년고생 사서 하듯
바뀌었다
엎어졌다 해야 한다.

나쁜 데
힘 쏟는 사람에게
열정이 있으면
안 된다.

당당한 것이 얼마나
중요한지 모른다.
자기 인격을
갖고 들어가는 것이다.

우리가
어떻게 사느냐에 따라
자손의
앞날이 달라진다.

남 쳐다볼 것도 없고
내 실속만
있으면 된다.
분통 터지는 일에도
신경 쓰지 말자.

말 안 듣는 사람은
자기가 옳다고
생각하기 때문에
안 듣는 것이다.

착하고
마음 약한 사람이
제일 문제다.

분통 터지며 참으면
병 된다.
참는 것도, 사랑도
하다 보면 습관 된다.

눈에
힘주지 않아도
위엄성 있으면
만만치 않아 보인다.

난 사람은 안 무섭고
하나님만 무섭다.
졸지도,
주무시지도 않고
살펴보시기 때문이다.

반대만 하면
일을 안 해
더 가난해질 뿐이다.
자식이 받을
축복이 없다.

누군가
좀 더 희생하는 사람에게
축복이 간다.

축복의 기회는
한 번 지나면
그만이다.
거짓 없어야
축복이 온다.

대접할 때,
성의껏 해야지
할 수 없이,
성의 없이 대접하면
축복의 차이가 크다.

고집으로
젊은이들의 장래를
불편하게

만들면 안 된다.
외국을 꼭 가야
여행 아니다.

설거지도
진실성 있게,
열심히 도와주려는
마음으로 하는 것과

그냥 어질러졌으니
하는 것과는
차이가 많이 난다.

안 좋은 성격을
내려놓아라.
속으로
삭이는 성격이 안 좋다.

성격 바꾸면
인생이 활발해진다.
성격을 바꿔야
편해진다.

자기 마음이

즐겁게 변화돼야 한다.
교만을 누가 알아주나?
자기만 속는 거지.

남의 것
뜯어 가려는 사람이 많다.
남의 돈을
빼앗아 오려는
더러운 마음이 문제다.

배고파봐야
남 배고픈 것 알게 된다.
나보다 못한 사람을
섬기는 마음
없으면 안 된다.

마음 열어 놓고
지난날
잘못한 것은
잊어버리고
새 출발해야 한다.

정신 바짝 차리고
계획을 세워야 한다.
남 핍박하면

복을 받지 못한다.

못된 마음,
못된 생각에
복을 주실 수 없으니
가난할 수밖에 없다.

도둑은
잘살지 못한다.
도둑 당할 것 있으면
감사할 줄 알아야 한다.

괜히 찔끔찔끔
우는 눈물은
눈도 붓고
자기 인생 망가뜨린다.

힘들어도
자기 개발하고
발전성 있는 방향으로
나아가야 한다.

인생사는 게
다 그렇다.
참고 살면

의지가 굳어진다.

우리가
축복 받을 일을 해야
복 받는다.

큰 것도 작게,
작은 것도
크게 생각하는 사람이 있다.

뭔가 어려운 걸
헤쳐 나가야 하는데
건강하면
해결해 나갈 수 있다.

인생의 축복은
여러 가지다.
자손이 부모의 돈을
써줘야 하는 축복도 있다.

부모님한테서
얼마라도 받으면
감사해야 한다.

각자의 복으로

능력 있어서
열심히 직장 다녀

가족 벌어 먹이는
사람도
복 받은 것이다.

땅이
축복을 받아야 한다.

미련해도
난데없는 축복이 있다.
그러려면
거짓이 없어야 한다.

허세나 거짓 없이,
눈치 보지 말고
거침없이

당당하게 살아라.
다음 세대는
그렇게 된다.

장미꽃!
너 뽐내지 말라.

작은 들꽃도
너무 예쁘다.

작은 데서 깨달아서
얼른 감사하면
더 큰 체험 주신다.

말 한 마디에서
축복권이
왔다가
가버리기도 한다.

아이가
더러운 그릇을 가져 오면
맛있는 음식을
담아 줄 수 없다.

먼저
우리의 마음과 행동을
깨끗이 닦아야
복을 주신다.

인생길 어려운데
은혜와
사랑이 있어야
살 수 있다.

감사하는 말과
사랑만 있으면
복 받는다.

걷잡을 수 없는
세상이라
정신 바짝 차리고

뭐가 옳은지,
뭐가 그른지
밝혀내야 한다.

인생의 고비는
입학시험 보듯
최선을 다해 넘겨야 한다.
한량없는
이해가 필요하다.

마음이 안 예쁘면
생각이 잘못되고
행동, 모든 것이
잘못되어 나간다.

마음이
예쁘지 않은 사람은
첫째, 감사가 없고

언행일치 안 하고,
사람에 대한
애정이 없다.

화내며 말하는 것은
습관이다.

자기 이문만
남기려 하지 말고
손해 보기도 하며

더불어 사는 것이
잘 사는 방법이다.

솔직한 세대가 왔다.
솔직해야 뒤끝이 없다.
시련이 있어야
갈고 닦게 된다.

할 일 없으면
20년 후 것까지

끌어다가
근심 걱정 한다.
다 맡기고 살아야 한다.

걱정해서 된다면
걱정만 하고 있지.
너무 욕심 부리지 말고
기분 좋게 살아야
건강하다.

운전하다가 졸리면
잠깐 세우고
기도를 강력하게 하고
다시 가야 한다.

만족과 행복 없으면
기쁨이 안 나온다.
옹졸한 걸 고쳐야

세상을
이겨 나갈 수 있다.
성격이 제일 중요하다.

잔디! 밟아라! 밟아라!
지금은

내가 약해 보여도

나중에는
내가 제일
예쁘게,
고르게 나올 것이다.

이까짓 것은
참기만 하면 된다.

올림픽 공원 잔디는
여러 사람에게
많이 밟힐수록

단단하게
뿌리 내려
고르고
새파랗게 나온다.

나무 밑에
안 밟힌 곳은
잔디가
가느다랗고

뻣뻣하고 삐죽삐죽

예쁘지 않게 나온다.
나중엔
노랗게 돼 죽어간다.

사람도
어려운 일이 많을수록
성숙해지고

경험이 쌓여
다른 사람을
도울 수 있는
사람이 된다.

지금은
세상이
너무 강하다.

진실이
제일 중요하다.
감사 없는 건
정말 이상하다.

공동체 생활에서는
많은 사람의
의견에 따라야 한다.

요즘은
사랑이 식어가는 때이다.
미운 짓 하는 사람 통해
훈련 받는다.

혈기 나오면
절대 안 된다.
말하지 말고
화내지 말고
들으므 삼켜라.

말은 들어 주되
가슴 아프게
여기지 마라.
세상살이는 희생이다

아는 척하면
실수한다.
말만 안 하면
벙어리인 줄 모른다.

가만있으면
촌스런 사람으로
여기고 만다.

어떤 여건도
이길 수 있는
마음을 가져야 한다.

가면 쓴 얼굴도
하나님이
비밀을 드러내신다.

요즘은
드러나는 것
너무 많다.

우리 늙은 세대가
사라지면
있는 그대로 말하는
새 세대가 나올 것이다.

거짓 없어지고
솔직해야 한다.
있는 그대로 해야

부정도 없어지고
꼬리를 안 물어
끝이 좋아진다.

사상을 바꾸려면
먼저
정직해야 한다.

신경 쓰지 말고
마음 편하게
일해야
병 없다.

권위 잡지 말고
즐겁게 일해야
일이 잘 된다.

못 살고 싶은 사람
어디 있나?
억지 써서 잘된다면
잠 안 자고
억지 쓰겠다.

진실성이
제일 중요한데
진실성 없으면
축복권이 없어진다.

남의 얘기는
절대하면 안 된다.
남을 핍박하는 사람은
굉장히 위험하다.

빨리 옛사람
벗어버리고
변화되는 것이 중요하다.

죽은 사람보다
살아 있는 사람을
중요하게 생각해야 한다.

일단 죽었으면
정리하고
앞으로 나가야 한다.

정직하면
법이 필요치 않다.
남의 것
아껴주는 사람도 많다.

자기가
자기 속 끓여서
자기만
위해 사는 사람은

알아 줄 사람 없다.
제 인생 제가 볶는다.

사람은 무관심하면
관계가 끊어진다.
무능한 사람보다
똑똑한 사람들이 문제다.

정신 바짝 차리고
살아야 할 때이다.
젊은 애들을
잘 챙겨야 한다.

결혼할 때는
물질, 가문
학벌 등
여러 가지를 보지만
중요한 건 마음이다.

하나님이 보시는 것은
첫째, 착하고
겸손한 사람인가?
하는 것이다.

우리가

젊은이들을
아끼고,
보호하고 키우면

우리는 인생을
더 아름답게 사는 것이다.

생각이 더러우면
행동도 더러워진다.
심술부리면
절대 안 된다.

얌전하고
말 없는 사람이
제일 무섭다.

자기 맡은 일을
즐겁게,
최선을 다해야 한다.

얼마나 생각을
잘해야 하는지 모른다.

예쁜 것은 고사하고
몸에

있을 데 있기만 해도
감사해야 한다.

젊어서
속 썩고 살지 말고
즐겁게 살아야
병이 안 온다.

한때 좋으면
한때 안 좋다.

자기가
있다 나온 회사가
잘못되기를 바라면
안 된다.
그러면 병난다.

내가
그런 것 고치는 사람이다.
마음 바꾸면
바로 좋아진다.

하루하루
건강하면
감사할 줄 알아야 한다.

나 아닌 남편이나
자식은
내 맘대로 못하지만

내 마음만은
내가 즐겁게
만들어야 한다.

내가
정신 바짝 차려야 한다.

힘들게 벌어서
멋지게 살아야 한다.
남을 위해
살아야 한다.

자기 식구만
위해 사는 것은
별 의미 없다.

인생 한 번
발 잘못 디디면
안 태어난 것만
못하다.
세상이 너무 무섭다.

한 날 기분 좋게
밥 사면
몇 달 기분 좋다.

하루 기분 나쁘면
일 년
기분 나쁠 수 있다.

사람 미워하면 안 되고
사람 사랑하는 것은
기본이다.

사람을 사랑하되
끈질기게
사랑해야 한다.

스스로의 마음을
자꾸 가다듬어야 한다.

가장스러운 것과
진실성 있는 것의
차이가 크다.

지혜로운 사람은
친구들에게도

낮아져
식사 대접이라도 하며

사람과 더불어
의논한다.

주지도 않고
받지도 않는 건
미워하기 때문이다.
남 미워하면
자기가 골탕 먹는다.

남 상처 주면
내가 기쁨 없다.

밝지 않고
메마르며 예민해
고달픈 인생을 살게 된다.
얼른 변화돼야 한다.

솔직해라.
솔직하지 않으면
더 기분 나쁘게 만든다.
순하면 말 잘 듣는다.

세상이 워낙 악하니
내게 잘못 없어도
당하는 수가 있는데
조용히
참는 것이 좋다.

하나님 믿는 사람은
참아줘야 한다.
참는 게 복이다.
욕하면 인격 깎인다.

얼마나
인생을 가치 있게,
보람 있게 사느냐가
중요하다.

지나간 건
지금 이 순간부터
잊어버려라.
안 잊으면 복잡해진다.

무섭지 않게
대드는 세상이다
튀지 말아야 한다.

말의
뉘앙스가 다르다.
마음 좋은 것과
어리석은 것은 다르다.

적은
절대로 없어야 한다.
미움 받는
사람은 괜찮은데
미워하는 사람은
병든다.

속으론 울면서
겉으로는 아닌 척하면
안 좋다.
거짓이기 때문이다.

틀리고 살거나
미워하지 마라.
나쁜 데서
나쁜 열매 나온다.

인생은
어떻게 될지 모른다.
항상 마음을

예쁘게 가져야 한다.

사람을
잘 만나야 한다.
어떤 자리에 있느냐도

중요하다.
복된 자리가 있고
아닌 자리가 있다.

잘난 척할 것
하나도 없다.

나를
미워하는 사람에게도
인정을 받아야 한다.

계산 없이 바쳐야
온전한 헌신이다.
남 위해 봉사하는 건
희생이
들어가는 것이다.

전화로
힘을 주는 사람 있고

힘을 빼는 사람 있다.

마음을
자기가 스스로 고쳐야 한다.
사람은
인간미가 있어야 한다.

내가
어떻게 할 수 없는 건
빨리 포기해야 한다.

감동이 오고
참을 수 없는
열정이 일어나면
빨리 행동으로
옮겨야 한다.

계산속에
장삿속이다.
마음으로
감사하는 것과

계산으로
차차하지 하고
재는 것은

엄청난 차이가 있다.

가슴이
설레는 사람은
자기를 개발한다.

묶인 것 없이
발생시켜
있는 그대로 산다.

끝장을 봐야
세상을 이기는
힘을 얻는다.
조바심하면 안 된다.

마음이
안정 돼야 한다.
오늘 살아 있는 것에
감사해야 한다.

건강만 하면
뭐든지 할 수 있다.

걱정은
걱정을 불러온다.

걱정해서
해결될 것 같으면

맨날 걱정만 하지
"근심 걱정
탁! 차버려라!"

이리 치고
저리 쳐도
문제는
자기 앞에 있는 것이다.

얄밉게 굴면 안 된다.
인생 살아가며
지금이
정신 바짝
차려야 할 때다.

뭐가 옳은지
그른지 모르는 시대다.

교회 나간다고
다 참고
사는 것 아니다.
성격 좋은 것이

6. 세상 사는 지혜 321

얼마나 좋은지 모른다.

지도자가
아주 중요하다.

한창 재미있게
살 시기에
빨리 정신 차려야 한다.
자신감 가지고 살아라.

지금 세상이
얼마나
살기 좋은 세상이라고!
필요치 않은 걱정은
끌어오지 마라.

"우리 앞길 막는 영들!
예수 이름으로 물리쳐라!"
기도하면 뭔가
자신감이 넘친다.

잘나가는 사람
미워하면 안 된다.

둔한 사람은

병 안 온다.
공부 잘하면 더 어렵다.
머리 좋은 것
별로 안 좋다.

머리 좋은 사람들이
잘못되면
못된 생각,
못된 행동이 나온다.
후손이 잘못된다.

똑똑할수록
남에게 물을 것도,
도움 받을 것도
없다고 생각한다.
스스로 속는 것이다.

속지 않는다 하지만
더 살펴
산만하지 말고
여유를 두고 살아라.

현재와
미래를 생각하고
과거 돌아보며

여유를 가져라.

마음을 비우는 것이
우선하면
행복이 온다.

감사할 줄 모르고
뜯어 먹으려는
마음만 있으면
말년이 안 좋다.

온실에서
바람을
자주 쐬어준 식물은
강하다.

사람도 약한 사람,
강한 사람이 있다.

먼저 말하지 않고
묻는 말에
대답만 하면
실수하지 않는다.

첫째

사람은 정직해야 한다.
살아가는
훈련이 중요하다.

뛰어가지 말고,
달려가지도 말고
단계 단계
올라가게 해야 한다.

우리나라에서는
우선
어른들한테
인사성을 갖추어야 한다.

인사도 하다 보면
자연스럽게 나온다.
예의를
갖추어야 한다.

말 잘하는 것보다
인사 잘하는 것이
더 중요하다.

옛 스승에게
인사를 안 하면

예의가 아니다.

의논이 있어야
협조가 나온다.
어른들에게
여쭈어야 한다.

서운한 마음은
금방 지워야 한다.

몸은 기도 받으면
좋아지지만
마음은
본인들이 바꿔야 한다.

기분 좋게 살면
나쁜 것이 물러간다.
안 좋은 생각에서
안 좋은 행동이 나온다.

그동안
헛살았다고 느끼면
지금부터라도
진짜 사랑 느끼고
멋지게 살아라.

은혜를 갚으려는
마음을 가져야 한다.

쌀 반 토막
만큼씩이라도
아주 조금씩
앞으로 나가면 된다.
아이들이 잘되면 된다.

세상엔
두 가지 짝이 있다
미움이냐? 사랑이냐?
죽느냐? 사느냐?

왕장왕장하는 세상에서
믿는 우리라도
중심을 잘 잡고
바르게 살아야 한다.

분별 못하면
어려운 세상이다.

주신 축복은
잘 간수하는 것이
중요하다.

자기 것
자기가 찾아야 한다.

바로잡아 줘야
축복의 비결이 된다.
말로 감사할 때
복이 온다.

욕하면
축복권이 뺏긴다.

나 하나
몸 관리 잘해야 한다.

하나님께만
너무 매달려도 안 된다.
세상에서 열심히 일해서
하나님께
봉사하는 것이 더 좋다.

극성맞으면
말년에 복을 못 받는다.
건강할 때 잘 챙기고
좋을 때 잘해야 한다.

지는 자가
이기는 자다.

모임의 지도자는
제일 속 썩이는
사람에게
칭찬해주고
밥 대접해야 한다.
그래야
마음의 폭이 넓어진다.

흥분하지도 말고
가라앉지도 말고
당당해야 한다.

창조가 사랑이다.

먹고 사는 것은 해결됐지만
마음 바탕이 중요하다.
양심 바르고
마음이 예뻐야 한다.

자기가
자기 몸 묶지 마라.

자신감을 가져라.

받기만 해선 안 된다.
베풀어야 한다.

게으르고
고집 세면
지혜롭지 못한 것이다.

일을 해도 즐겁게 하면
병 안 든다.

순종하며
말을 잘 들어야
문제가 해결되지

안 받아들이면
문제가 그대로 있어
고생하게 된다.

세상 사는 건
다 뒤바꿔지니까
어려운 사람을
돌봐줘라.

인상 좋고
은혜 받은 얼굴도
관리를 잘해야 한다.
교만하면 안 된다.

최선을 다해
복 받을 일을 해야
축복이 온다.

잘해 주면
더 내놓으라고 하는
세상이다.

없으니까
십숟만 남고
말을 안 예쁘게 하며

남 핍박하면
더 가난해진다.

불쌍히 여겨야 한다.
마음이 예쁘면
못된 행동이
나올 수 없다.

어려워봐야
성공도 한다.
축복이 이렇게 온다.

개 팔자라더니
동물을 위하는
시대가 왔다.

너무 아는 게 많아
판단이 잘 서서
사는 것이
힘든 사람도 있다.

욕심 앞서는
겉똑똑이는 힘들다.

출세하려고
너무 애쓰지 말라.
높은 자리에 있으면서
편한 사람
한 명도 없다.

금은 작아도
가치가 있어서
서로 가져가려 하지만

플라스틱은
아무리 커도
가치 없어
아무도 안 가져간다.

세상에서
제일 좋은 것은
싼 것 먹어도
즐겁게 만나
식사하는 것이다.

여자가
탈이 너무 좋으면
손해난다.

꽃이 너무 예쁘고
향이 좋으면
꺾어간다.
조심해야 한다.

자기개발은
어떻게 살아야
하는가? 를
생각하는 것이다.

남에게
피해를 주면 안 된다.
있으나 마나 한 사람은
남에게
피해는 주지 않는다.

불만하면
사람이 망가진다.
사는 동안
멋지게 살아야 한다.

나를 사랑하라!
내가 내 몸을
소중히 여겨야 한다.
지기기
자기를 존중해야 한다.

가증스럽게 웃지 마라.

나쁜 생각에서
나쁜 마음 나오고
나쁜 행동 나온다.
복잡하게 살지 마라.

사람을

무시해선 안 되고
습관이라고 생각하여
소화시킬 수 있는
생각이 필요하다.

잘못된 줄에 서면
기쁨, 행복 없고
허하고
채워지지 않는다.

나를
돌아볼 시간을 가져야 한다.
내 마음을
가다듬어야 한다.

조금 좋고
고생은 많은 것이
여행이다.

여행 좋다고
매일 가면 안 되듯이
하루를 즐겁게 살아라.

고집 센 것과
주관 뚜렷한 건

다르다.

사는 동안
좋은 것보다
안 좋은 게 더 많다.
좋은 것도, 나쁜 것도
탁! 차버려라.

똑똑하게
정신 바짝
차려야 한다.

막 나가는 세상이다.
막 풀어놔서
성폭행, 살인도 많고
물불 가리지 않는
세상이 됐다.

우리나라도
다 풀어놨다.
체면이 없어졌다.

양반도 없고
하루를
맘대로 즐기며 산다.

마지막에는
이름을 남기는 것이
중요하다.
돈보다
명예를 남겨야 한다.

사람을 만남으로써
깨달음이 온다.

병을 낳다고 해야
기분 좋다.
빨리 나아서 일해야 한다.

어른을 어른 대접하지 않고
손님을 손님 대접하지 않는
세대가 됐다.

행복하지 않으면
인생이 길고
행복하면 짧다.

교회나 가정,
사회 모두
대가 바라며
욕심 부리면 안 된다.

욕심 부리면
축복이
표 없이 없어진다.

욕심에서
상상 속에 빠져
나사가
겉도는 경우가 있다.

깨닫지 못하면
자기 손해다.
남을 핍박하면 안 된다.

일하는 사람이
욕도 먹는다.

때 안 묻은 사람은
이 세상에 살기 어렵다.
어디 가서
뒤숭숭하지 마라.

인사 잘하는 것이
제일 중요한데

바로 그 중요한 것을

놓치는 것은
축복권을
놓치는 것이다.

살다 보면
좋은 점,
나쁜 점 있으나

나쁜 것은
다 지워 버리고
좋은 것만 생각해라.

화 내지 말고
속 끓이지 말고
즐겁게 마음먹고
자신을 위해 살아라.

7. 몸과 병

정신병은
망신당하면 낫는다.

정신병은
말만 잘 들어
생각만 바꾸면
금방 고친다.

정신병 고치는 것
간단하다.
분별만 시키면 된다.

매미 허물 벗듯
새사람이
속에서 반듯하게 나온다.
순간적으로 낫는다.

속을 드러내야
빨리 고쳐진다.
마음을 뺏기면

정신병 된다.

막힌 신경이 내려와
순환되면
병은 낫지만
마음만은
자기가 고쳐야 한다.

마음의 병은
입원해도 소용없다.
자기가
마음을 잘 다스려야 한다.

마음의 병을 고쳐야
몸의 병 고쳐진다.

몸은 정상인데
마음이
묶여 있는 사람도 있다.

미련하고
고집 세면 어렵다.

병들지 않으려면
자기 마음
하나 잘 다스리고
그래야

가정과 나라, 사회에
보탬이 된다.
나랏돈이
손해나지 않는다.

뭐가 부족해서가
아니라
마음을
다스리지 못한 것이다.

마음 바꿔서
활달하면 금방 낫는다.

열이
위에서 고였을 때
발바닥을 많이 쪼아주면

열이 발에서
땀으로 빠져 나간다.

머리카락이 없을 때는
손가락을 세워
위에서 아래로
긁어 주는 것이 좋다.

밭으로 말하면
흙을 골라주는 것이다.

흙을 부드럽게 해주듯,
두피가 부드러워져
머리카락이
뿌리를 내리게 된다.

면봉 하나로
머리를
위에서
밑으로 긁어 준다.

눈가나 코끝도
면봉으로
긁으면 좋다.

꽁해서
한 번 들어간 것
잊어버리지도 않으면
머리가 많이 굳어진다.

머리 밑을
자꾸 마사지
해주면 좋다.

머리카락도 안 빠지고
뇌의 순환이
잘 된다.

젊어서 아프면
기쁨이 없어진다.
나쁜 마음을 풀어내야
병이 고쳐진다.

사람은
기분이 좋아야 건강하지
너무 똑똑하기만 하면
힘들다.

혀가 굳어진 사람은
혀를 가제수건에 싸서

부드럽게

운동 시키듯이
쪼아주면
혀를 채서
말할 수 있게 된다.

말을 하려면
이도 있어야 하고,
혀가 채줘야 하고
턱뼈도 있어야 한다.

몸은
균형 잡는 것이 중요하다.
몸이 좋아도
화끈하지 못한 것은
믿음이
없기 때문이다.

몸도
기쁨이 없고
멍멍한 몸이 있다.
재미없는 몸이다.
기분 나쁜 몸이다.

몸이 굳어가며
일하면 안 된다.
즐겁게 일해야 한다.

사랑을 하려면
끝까지 해야
병들지 않는다.

너무 뚱뚱하면
정신이 맑지 못하다.
혈액 순환 안 되니
비만에서
피부병도 온다.

땀 날 때까지
손바닥을
자꾸 쪼아야 한다.

자세가 안 좋으면
허리가 아프다.
여자도 너무 크면
허리가 아프다.

몸이 자꾸 오그라들면
나이 들어
꼬부라진다.

술독 든 사람은
얼굴과 입술이 파랗다.
술을 좀 마신다 해도
몸은 아껴야 한다.

술, 담배를 해도
일단 마음이 편하면
건강하다.

분통 터지면
얼굴이 시퍼렇고
열 받으면 벌게진다.

화나 분노의
뿌리가 빠져야 한다.

가슴 아프고
벌렁벌렁하다가
불나고,
분통 터지면

가슴 찢어지면서
그때마다

몸에 누적돼
시루떡 같이 쌓인다.

열 받으면
자기 몸을
묶는 것이다.
성질 괄괄하면
신경혈관에
피가 거꾸로 흘러
병 된다.

열 받으면 몸이 뜨겁고
분통 터지면
피가 거꾸로 돌아
얼굴빛이 안 좋다.

머리 굴리면
안 된다.
분통 터지면
얼굴이 검어진다.

분통 터진다고
밥 안 먹으면
몸만 축나고
병드는 첩경이다.

화를 내서
핏대가
머리까지 올라가면
중풍 오기 쉽다.

분통 터지게 불만하고
시기 질투하면
힘들게 살고,
정신적으로 어렵다.

분통이 가득하면
기도 받아도
해결 안 된다.

부어터져
불만이 가득 차면
병이 오고
궁핍함이 온다.

열 받는 것,
분통 터지는 것이
빠지면
좋은 생각만 남게 된다.

사랑해야

분통터지는 것을 막는다.
들음으로써
모든 것이 좋아진다.

속은 너무 똑똑한데
자기가 멍하다고
깊이 생각해서
멍해진다.

우울증은
상처 받은 것이어서
인간관계가 안 좋다.

신경 많이 쓴 것이
머릿속에서
부스럼 같이 나오면

우울증이 낫기도 한다.
빨리 낫는다.

우울증은
한 번 많이 울면
낫는 수도 있다.

조울증, 우울증

오지 않으려면
마음을
자꾸 다스려야 한다.

예술가는
우울해지기 쉽다.
나이 들어서가
더 어렵다.
회복시키는 말이 필요하다.

우울증은
남과 비교하고
나가기 싫고
불평불만이
많은 데서 온다.

돈이 많아서도
우울증 온다.
젊어 호강한 사람들이
늙어서
고생하는 사람 많다.

예수 잘 믿으면
우울증 안 걸리고
자살하지 않는다.

마음 여리면
우울증 오고
쓸데없는 생각을
많이 하면
머리가 아프다.

생각 없는 사람은
머리가 안 아프다.

도가 지나치면
조울증이 온다.
웃으면 머리가
속는다는데
마음이 따라줘야 한다.

우울증, 정신병,
상처 받은 것도
예수 이름으로 물리치면 된다.

머릿속의
좋은 생각, 나쁜 생각,
지혜가 꽉 찬 것이
아래로 내려오면
어깨가 아프기도 한다.

신경 많이 써서
짜증나게 생겼어도
몸이 풀어지면
편해진다.

몸에
흰 먼지 묻었으면
확 털어 버려라!
마음으로
탁! 털어 버려라!

요것저것 말하지 말고
한꺼번에
담요 털 듯
시간 단축하며
털어내야 한다.

시간 끌면
몸 축가서 손해나니
가시가

내 몸에 붙었다고
생각하고
빨리 털어 버려야 한다.

"나도 착한 사람이에요."
겉보기는 멀쩡한데
영적으로
병든 사람 많다.

몸을
빨래 짜듯이 짜주면
아토피 낫는다.
처음엔 찬 땀이 난다.

식사를 잘하시면
병을
이겨낼 수 있다.

잘 먹어야
다른 병도
다 휩쓸려 나간다.

잘 잡수시고
잘 주무시면
다 나은 것이다.

먹는 대로
건강해진다.
남을 대접하는 것은

여기서 해야지
천국에서 하는 것 아니다.

기분이 좋으면
꼿꼿한 자세가 나온다.
하루 건강하면
하루가 행복하다.
가끔 긴장을 푸는 날도
필요하다.

머리 많이 쓰면
척추 디스크가 올 수 있다.

70세 되면
어느 정도 아픈 것은
당연하다.

손가락, 발가락이
다 순환이
잘되어야 한다.

마음의 병은
너무 많이 알아서 온다.

땀이

이마에 촉촉하면,
손바닥, 발바닥에서
따뜻한 땀나면,

물과 기름에서
기름만 걷어낸 것같이
몸이 확 풀어진다.

그 후에 발가락을 통해
나쁜 것을
빼내야 한다.
보통, 집에서는
주무르는 것밖에 없다.

평생
온몸을
주물러 주는 것이
중요하다.

감기로 머리가
물렁물렁해지기도 하고
얼굴도
붕 뜨게 된다.

남을 안 좋게
하는 데서
병 온다.

사람이 불쌍하다.
죽을 때 되니
철난다.

순환 막힌 것을
머리에서 가슴으로, 배로,
다리로 내려가
발로 뿜어낸다.
순환이 흐른다.

사람 몸은
약한 데로
몰리게 되어 있다.
힘이 앞, 뒤로 몰려
앞뒤 꼽추 된다.

앞뒤 꼽추의
솟아나온 곳을
손으로 비벼주니
으지직으지직 무너졌다.

혈액순환 잘 되고

잠 잘 자면
병을 이겨 나간다.

하수도로 말하면
조금씩 스며 나가서
터지지 않는 것과 같다.

눈 주위는
누르지 말고
마사지하듯 위로 올린다.

머리 비워진 곳을
메워 주니
말 더듬는 것이
없어졌다.

보이지 않는 눈도
기도할 때,
손으로
비비적거리다 보면
보이게 된다.

신경 너무 쓰면
몸이 굳어진다.
몸이 너무 굳어지면

아프지도 않다.

딱딱해진 가슴을
손으로 기도해줘
부드러워지면
순환이 되는 것이다.

순환이 한 바퀴 돌면
정신 안 좋은 것이
머리에서
빠져 나온다.

몸이 건강하면
뭐든지 할 수 있다.

병 있으면 약해진다.
암도
친구같이 여기며 살면
오래 살게 된다.

중풍병자는
나을 때,
어깨에서부터
균형을 잡아간다.

완전해질 때까지
뒤뚱거린다.

대상포진은
신경이 굳어졌다가
풀어진 것이

다시 다져진 것인데
붙었던 게
떨어지느라 어렵다.

몸에
어딘가가 막히면
여기저기
혹이 생긴다.

기도해서 뚫어지면
수술 안 하고도
낫는다.

혈관이 막힌 것은
혈관이 좁아진 것이다.
발바닥을
많이 쪼아야 한다.

다리 쪽에
순환이 막히면
힘이
위로만 쏠려
몸 위쪽이 커진다.

발바닥과
손바닥, 손등을
손목 쪽에서 아래로

그리고
손가락 사이사이를
쪼아 내리면
순환이 된다.

손가락 끝 하나로
머리가
뚫리기도 한다.

모든 병은
신경에서 온다.
사람은
요동치게 되어 있다.

얼굴 부으면

화장할 때 같이
얼굴을 탁! 탁! 쳐라
부기가 빠진다.

얼굴도
마사지 해줘야 한다.

얼굴 모양을
길쭉하게 하고
싶으면 길게,
동그랗게 하고 싶으면

동그랗게
만들 수 있다.
자기 몸을 자기가 빚어
예쁘게 만들어라.

계산하고
따지는 마음을 가지면
병마가
잘 안 나간다.

생각이 얼마나
중요한지 모른다.
무능하면,

몸이 축가지도 않는다.

기분 좋게 사는 것,
아닌 것,
다 자기 몫이고

건강하게 오래 살려면
마음이
깨끗해야 한다.

천식 있고
성질 급하면
숨차서 헉헉거린다.
마음 편하게 살아야 한다.

섭섭했던 것을
하나님께
고하는 것이 회개인데
치매도 예방된다.

자기 성질이 보글보글
끓으면
젊어서 암이 온다.

마음이

예쁘지 않으면
젊어도 병든다.
쇼크가
빨리 오는 몸이 있다.

발마사지 기계를
들들거리면
몸이 좋아진다.

몸 전체를
흔들지 않고
등만 마사지해도 좋다.
특히 노년에 좋다.

족욕 후에는
발을
마사지하는 것이 좋다.
담그기만 해선 안 된다.

발이 저릴 때는
발등을 다른 발로
발가락 쪽을 향해 밀듯이
세게 밟아주면
좋아진다.

손을 대어
머리에서부터
안 좋은 것을 모아 와서

발로 빼기 때문에
울퉁불퉁한 것이
없어진다.
온몸을 순환시킨다.

새끼발가락
하나 잘못돼도
균형이 안 맞아서
걷기 어렵다.

밥 잘 잡수시고
변 잘 보고
등산, 활동하시면
암이 아니다.

몸은
순환의 통로가
뚫어질 때까지
시간이 걸린다.

기도 받고

눈이 보여도
균형 맞추는 시간이 걸린다.
가시 빼면
상처 남는 것과 같다.

머리에 물이
가득 고인 사람도 있었다.

어떻게 하고 싶은 말
다하고 사나?
자기 성질을 고쳐야 한다.

어려움을 짜증내면
병 된다.
같은 일도
얼마나 즐겁게 하느냐가
중요하다.

하나님도 우리가 아프면
기뻐하시지 않는다.

참기 어려운 것을 참으면
병 된다.
편안히 살아야 한다.

위로해 주고
뒷바라지 잘해 주면
병이 낫는다.

신경이 예민하면 유방암 온다.
신경 쓰면
제일 약한 곳이
유방과 눈이다.

온 신경이
유방에 몰려 암이 된다.
마음이
조여서 온다.

몸 아프다는 것보다
마음 아프다고
하는 것이
더 어렵다.
그런 말은 하지 마라.

교통사고 난 뒤
마음이
우울해지는 경우가 있다.
자기가
마음을 가다듬어야 한다.

교통사고도
온몸을
계속 주무르며
기분 좋게 살면 낫는다.

신경 한 번, 두 번,
열 번 쓰면
시루떡이 한 켜, 두 켜, 열 켜
쌓이는 것과 같다.

켜켜로 쌓인 상처를
한 켜, 한 켜
걷어 내야
건강해진다.

기도 받으면
옛날 신경 쓴 것까지
다 빠져나간다.

순환이 안 돼
등을 두드리면
등 붙은 데에서
텅! 텅! 빈 소리가 난다.

몸을 보면

신경 많이 쓴
몸인지 아닌지
알 수 있다.
신경은 여러 갈래
갈라지더라.

신경 많이 쓰고,
욕심 있으면
귀가 안 들린다.

정신이 안 좋으면
기운이 엄청 세진다.

은혜 받아
눈물 많이 흘리면
몸이 아주
부드러워진다.

눈물 안 쏟으면
눈이 약해진다.
울면
마음이 좀 당당해진다.

화날 일 있으면
참아주기만

하면 된다.

그냥 참기만 하거나
입으로
말하지만 않으면
다 되나?

참아도
사랑으로 참아야
병이 되지 않는다.

몸과 마음, 생각이
함께 편안해야
병이 오지 않는다.

신경 쓴 것이
목에서 뭉친 것을,
잘라내지 말고

기도로 풀어내려야
유방암, 폐암을
예방할 수 있다.

가슴이 딱딱해지고
등까지 붙으면

폐암이라고 한다.

폐암이라도
마음의 병부터 고쳐야 한다.
쌓아 놓지 말고
활달하게 살아야 한다.

말 들어보면
성격을 알 수 있다.
너무 폼 잡다가
중풍이 올 수 있다.

신경 쓴 것은
한 번에 낫지 않고
시간이 걸린다.

순환이 안 되다가
잘되면
밤새 화닥거려
잠을 자지 못한다.

머리하고
가슴까지 꽉 막혀서
가슴까지만 순환되면
견디기 어렵다.

발까지 다 돌아야
순환이
잘 되는 것이다.

심장병은
헉헉거리다 생긴다.
급해도
여유 있게 해야 한다.

병은
기분만 좋으면 낫는다.

사람은
모습, 성격 다 다른데
똑같이 주셔도
자기가 자기를 망가뜨려
힘들게 사는 것이다.

속 썩고 살지 말아야
신경이 죽지 않는다.
신경이 죽으면
아픈 것을 못 느낀다.

신경 쓰고 살려면
한도 끝도 없다.

속병, 가슴앓이 병이 있다.
자기만 아는
가슴 아픈 것,

참으려면
사랑으로 참아야지
아니면 병 된다.

어릴 때 받은 상처는
깊이 들어가므로
언젠가는
그것을 빼내야 한다.

답답하고
기분 나쁠 때,
가슴을 살짝 오므렸다가
훅! 하고 숨을 길게,

한 번, 두 번,
세 번, 쉬면
다 풀어진다.

개인적으로
참고 살다가
가슴이 퍼지면

햇살이 퍼지는 것 같다.

머리를 긁어서
움푹
들어간 것을 메운다.

기도하면
유전병도 없어진다.

머리와 발은
연결돼 있다.
발을 쪼아주면
머리가 안 아프다.

위에서
물이 내려오면
쪼아서 순환시켜라.

그냥 찐 살보다
불평불만하며 찐 살은
빼기 어렵다.

살찌는 것도
여러 가지 이유가 있다.

하품은
우리 몸에 들어갔던
한숨이 변하여
나오는 것이므로
많이 할수록 좋다.

앙! 하고
사납게 하품할 때는
우는 사자가
믿는 자를 삼키려고
덤비는 것 같다.

하품은
마귀가
믿는 자를 삼키려고
달려드는 것을 보여준다.

하품하면 눈물 나며
나쁜 것이 빠진다.
앙! 앙! 하다가 다 빠지면
순하게 나온다.

하품 많이 하면
힘이 빠진다.
체험적인 하품이다.

하품으로
피곤함, 어려움 등이
빠져 나가고

찌그러진 몸이
바로 되며
젊은 몸이 나온다.

몸이 굳어졌다가
하품 나오면
근육이 부드러워지고
균형도 잡힌다.

눈물 나면
피부가 좋아진다.
마음 비워도
피부가 좋아진다.

부러지거나
상처 났으면
빨리 병원 가야 한다.

손가락 5개를 세워
가슴을 포크질 하듯
깊이 눌러주면

심장에
순환이 잘 되게 된다.

항상 자기 몸을
주물러야
순환이 잘 된다.

자기 몸
자기가
잘 관리해야 한다.
순환시켜야 혈색이 온다.

부으면
고무풍선 꽉 찬 것 같아
먹어도

몸에 도움이 되지 않고
순환이
전혀 되지 않는다.

머리 좋은 사람은
머리에서 신경 쓴 것이
기도 받으면서

내려오다

어깨에서 걸려
어깨가 아프다고 느낀다.
좋아지는 과정이다.

기도는 쪼으고
밑으로 끌어 내려서
발가락으로
빼내는 원리다.

백혈병이 제일 쉽다.
계속해서
온몸을 주무르며
긁어주면 낫는다.

기분 나쁘면
머리가 안 돌아가
눈이 서서
예쁘지 않게
눈이 떠진다.

입에서 나오는
늘어지는 침은
다 뱉어야 한다.

허리 아파도

느긋한 마음 갖고
사우나, 찜질방 가서
몸을 따뜻하게 하고

쉬게 되면
쉬라 하시나 보다 하고
쉬어라.

얼굴에
거미줄이 감긴 것 같아
자꾸 걷어내니
피부가 좋아졌다.

하나님 치료는
의학을
뛰어넘는 치료다.

호스가
접혀 있듯 막혔다가
갑자기 팍! 뚫리며
순환된다.

호스가 막힌 것같이
뭉쳐진 부분을
기도해 주어

발끝에 이르면
아프면서도
오장육부가 다 뚫린다.

구부러진 호스를
위에서부터
바로 펴오면
물이 잘 흐르듯
몸도 그렇다.

너무 탈진하면
어디가
아픈지도 모른다.

운동은
너무 무리하게 하면
안 된다.

발가락 끝이
힘 있게
올라가야 좋다.

구부러지면
걷기 힘들고
중풍이 오기도 한다.

쉬지 않고
발가락을 쪼면
발끝에
힘이 오게 된다.
허리 아픈 것도 낫는다.

쪼는 기술을 배우면
가족에게
해줄 수 있고
응급 처치는 할 수 있다.

세월아! 가거라.
나이는 숫자에 불과하다.
기분 좋게 살면
100살 더 산다.

병 때문에
아픈 것 아니라
머리 좋은 분이
옛날부터 신경 써서

피가 거꾸로
솟았던 것이
풀어져 내려오기 때문에
아픈 것이다.

젊어서는 순환이 잘되나
나이 들면
순환이 잘 안 된다.

머리를 긁어주고
손발을 쪼며
등을 뜯어 주면

순환이 잘 되어
병의 증세가 없어진다.

너무 머리가 아프면
산만해진다.
애들이
신경을 너무 쓰면
부어서 살 된다.

사랑해주면
몸도 좋아진다.

마음 여리면
작은 말, 작은 일 하나도
마음에 박히고
자글자글
몸에도 쌓인다.

우리의 병은
다 마귀가 주는 것인가?

하나님은
우리를 깨끗이
새것으로 만드셨다.

그런데
우리가 나쁜 습관이나
가정에서
기분 나쁜 것을 받아서
망가뜨린다.

자기 식구를
손으로
기도해주다 보면
해주는 사람의
몸도 좋아진다.

몸이 건강하지 않으면
행복이 사라진다.
마음이 정리되면
병이 낫는다.

아무리 아파도

기분 나쁘게 살면
안 되고
용기를 내야 한다.

찬 몸이
따듯하게
살아난 사람이 많다.

말 못하던 사람도
순간적으로
말이 터질 수 있다.

제일 좋은 약은
기분 좋은 것이다.
건강 비결은
성격을 바꾸는 것이다.

자기 자신을 위해
꼼꼼한 성격을
활달한 성격으로
바꿔야 한다.

사람은
성질부터 고쳐야 한다.
속에서 열이 많으면

몸이 축간다.

속병이 생긴다.
신경이 눌렸다가도
손만 대면
혈색이 온다.

머릿속이
제일 중요하다.
눈 안 보이는 건
다 신경에서 온다.

꼼꼼한 사람이
병이 더 온다.
곰곰이 되새기면
병 된다.

심장병은
내 마음을
내가 달래야 낫는다.

50대가 되면
몸이 망가지기
시작하는 때이다.

7. 몸과 병   353

손발 성할 때
조심해서
몸 관리 잘해라.

근심 걱정 다
하나님께 맡겨야
건강 유지할 수 있다.

뒷목이 겹쳐져
가로줄 생기면
몸이
안 좋은 것이다.
목은 얇아야 한다.

병들었다고 하면
일단
마음이 꺾인다.

몸이 좋지 않으면
얼굴도 붕 뜨게 된다.
뼈와 살이
겉도는 것 같다.

힘들면
피가 거꾸로
선다고 하는데

순환되게 손으로
발을
주물러야 한다.

허벅지 속의 힘줄을
풀기 위해서는
손을 깊이 넣어
마사지해야 한다.

병의 제일 큰 원인은
기분 나쁜 것이다.
기분 좋게 사는 게
병을 물리치는 방법이다.

혈관 묶어진 것을
쪼아서
풀어지게 만든다.

기도 받고
많이 아픈 날은
더 많이
좋아지는 날이다.

보일러가
막 돌아가는 것과 같다.

자신을 위해
죽음의 준비도 해라.
자기 몸을
자기가 수양해야 한다.

"주여! 하나님!
제 병을 고쳐주세요."
속상하면
몸이 안 좋아진다.

아플 때
환자끼리만 있는데
가지 말고

공원이나
자연을 보며
기도하는 것이 좋다.

너무 연구
하지도 말고
몸을 아껴야 한다.
내가 병들면

누가 와서 돌봐 주나?

한 번 기도가
중요하다.

신경 쓴 것을
위에다 쌓으면 위암,
장에 쌓으면 장암 된다.

여자는
성격이 죽어져야 한다.
말 잘 들어야 좋아진다.
옛사람
벗어버려야 한다.

속에 스며들어 간
나쁜 것을
빼내는 것이
기도다.

암이라고 듣는 순간
순식간에
마음이 사그라진다.

너무 일을

몰아붙여서 하면
몸이 아파진다.

두 다리 모으고
옆으로
가지런히 앉는 자세가
제일 안 좋은 자세다.

도랑물이
흐르다가 막히면
둑이 무너져서라도
흐르게 된다.

속의 열꽃이
겉으로 나와
좋아지는 것과 같다.

혼자 마사지하면
당긴 것이 풀어지고
죽은 신경 살아나
정상이 된다.

코끝을
자꾸 쪼아야 한다.
온몸을

많이 주물러야 좋다.

죽은피가 내려와서
차게 된 손끝도
쪼아야 좋다.

기도 받고 나면
몸이
수술한 환자 같아진다.

그만큼
순환이
안 좋았다는 얘기다.

마음이 아프면
빨리 고쳐야 한다.
몸이 좋아지면
맑은 정신이 온다.

마음과 생각,
체질이 바뀌려면
우울해진다.

얼굴이 찌그러지면
자리 잡기 전에

얼른 펴라.

기분이 좋으면
병 낫는다.
기분에 따라 병을 이긴다.

피가 굳어 붙어서
암 되는데
피가 잘 돌면
암을 녹인다.

몸으로 말하면
사랑을
많이 받지
못한 몸인데

쓰다듬어주고
만져주고
주물러주면
사랑받는 것이다.

기분 나쁘면
또 병이 도진다.
몸속에서 굳어진다.
기도해주다 보면

풀어진다.

굳어진 것이
풀어지려면
살짝만 대도
몹시 아프다.

머리부터
온몸을 주물러서
혈관 하나가 뚫어지면
구멍이 뚫어지듯
순환이 된다.

생긴 대로 살아라.
편하지 않게 살면
몸이 축간다.

착한 사람도
속은 다 있어
참다가 병든다.

미움에서
병이 싹튼다.
그리고 병은
미움 먹고 자란다.

손끝 발끝이
제일 중요하다.

보는 게 치료니
잘 배워서
집에서 열심히 주무르고
쪼아주면
순환이 잘된다.

혈관이
오그라들면
파킨슨병 된다.

파킨슨병은
얼굴을 많이 비벼주고
몸을
자꾸 주물러줘야 한다.

상처 받으면
신경이 가라앉아
늙은 사람 피부처럼
시들어진다.

손바닥으로
등을 깊이 문지르면

순환에 좋다.

몸은
주물러 터뜨려서
아기 몸 같이
말랑말랑하게 만들어야 한다.

열 번 속 썩었으면
열 번 풀어줘야 한다.
시루떡 열 켜 쌓였으면
열 번 빼내야 한다.

섣부르게 하려면
건들지도 마라.
사람은
건드리지만 않으면
오래 산다.

포기할 것은
빨리 포기해야
병이 낫는다.
병은 다 마음에서 나온다.

속 썩고 살면
두근두근하다가

혈관 하나가
짓눌려지고

그것이 막히면
순환이 안 돼 마른다.
쪼아서
순환시켜야 한다.

정신력이 강하지 않아서,
자기가 자기를
가장 사랑하기 때문에
병든다.

기침하고
숨이 차면
가슴을 쥐어뜯어라.

미운 눈 있으면
빨리 미움을 없애야
몸이 좋아진다.

속임수 있으면
가슴이 두근두근해
병이 낫지 않는다.

가족을 속이다 보면
조그만 데서
병이 안 낫는다.
그게 죄다.

신경만 쓰면
붓는 푸석살이 있다.
몸이 부으면

정신이 희미해서
뭐가 뭔지 모른다.

부으면 살 된다.
내 몸을 못살게
주무르고, 쪼면 좋다.

몸이 부어서
두부자루 같으면
좋은 약도
흡수가 안 된다.
연결이 안 된다.

우리가 음식을 먹으려면
이, 혀, 턱뼈
다 꼭 필요하다.

또 혀가 채워줘야
말할 수 있다.

머리 어지러운 건
막혀서 그렇다.
머리 긁어주고
발로 빼 주면
어지럽지 않게 된다.

묶인 것도
풀어줘야 한다.

치매 안 걸리려면
마음 가다듬는
훈련해야 한다.

치매는
참았던 것이
다 나오는 것이다.

자식에게 삐치고
좋지 않았던 것은
다 빼야 한다.

자식도 바라보지 말고

성질 조급해 하지 말고
정신이 바로 서야
치매 오지 않는다.

섭섭했던 것
내놓지 않으면
치매 온다.
각 사람에게
맞춰주는 훈련을
꼭 해야 한다.

피가 바짝 말라
백혈병 되는데
온몸을 주무르면
풀려서
힘들어도 견딜 수 있다.

순종 잘하면
빨리 회복된다.

정신 바짝 차리고
살아야 한다.
후회 없는
인생을 살아야 한다.

내 몸은
하나님의 작품이므로
유리 그릇
다루듯 해야 한다.

숨기고 숨겨
제일 귀한 것이다.

자식도 만들고
인생을
풍성하게 살 수 있다.

발꿈치를
많이 쪼아야 한다.
발을 통해

몸에 고인
나쁜 것을 빼지 않으면
질질 끌게 된다.

자기를 위해 즐겨라.
즐기고 살면
잠자는 세포도 살린다.

사람 마음이 뿌리라면

기분 좋을 때 바람에
세포 하나하나가
살아난다.

몸의
울퉁불퉁한 것이
없어져 좋아진다.

손끝, 발끝은
위로 올리지 말고
밑으로 내려놓아야
건강에 좋다.

편히 살려면
예민하면 안 된다.
건강을 잃게 된다.
굳어져 움직이지 못한다.

손바닥, 발바닥은
주무르고
쪼아야 좋다.

손톱 주위도
혈 자리 있다고 한다.
손끝으로 자극을 주면

순환에 좋다.

속 썩고 나면
병난다.
위병 생기면
가슴이 당긴다.

위암은
옛날로 치면
가슴앓이 병,
속병이라 할 수 있다.

신경이
올라가 댕겨서
한쪽이 마비된다.

요즘은
머리가 팽팽 돌아가서
금방 병든다.

머리 좋은 분들이
골병든다.

옆으로 자면
어깨가 아파진다.

반듯이 자야 좋다.

반듯하게
누워 자는
노력을 해야 한다.

혈액 순환 잘되면
피부가 좋아진다.
손끝, 발끝 자꾸 쪼면
병 없다.

무릎에
덩어리 생기면 안 된다.

자세가 좋아야
허리가 펴진다.
디스크 교정 자세가 있다.

양반 다리하고 앉아
한쪽 발을
허벅지에 올린다.

허리가
자동으로 펴지는데
5분 있다가

반대로 발을 바꾼다.

손바닥, 발바닥에
오장육부가 다 있다.

건강해지려면
첫째,
필요치 않은 생각을
하지 말아야 한다.

잠자는 혈관을 깨워
혈액이 돌게 한다.

목이 막히면
혈압이 오르고 병이 온다.

요즘 사람들은
영양이 좋아도
신경 쓰고 스트레스 받아
몸이 많이 아프다.

몸이
조금이라도 아프면
특히 남자들이
많이 약해진다.

돈이
건강 지켜 주는 것 아니라
마음이
건강을 지켜 준다.

마음을 비우면
몸이 좋다.

8. 노년 생활

나이 먹으면
외로워진다.
외로운 것도
극복해야 한다.

지나간 것은
잡을 수 없고
이렇게 끝나면
속상하다고 생각된다.

나이 들수록
예민해지고
생각이 많아
살기 어렵다.

기분만 좋으면
100살 살 수 있다.
나이 먹을수록

근심, 걱정 다 털고

편히 살아야 한다.

나이 들면
감각이 둔해져
걱정을 끊어 버리게 돼
오래 살게 된다.

나이 들면
지는 해 같아서
오늘 갈지,
내일 갈지 모른다.

대우 받던 사람이
늙으면
고집 세고
주관이 뚜렷해진다.

연세 들면
화내지 말아야 한다.
피가

거꾸로 서면 안 된다.

나이 들면
옛날 생각이
새록새록 난다.

노년을 잘 지내게
기도해야 한다.
지금은
참고 사는 세상이다.

늙으면
돈이 있어야 한다.

주지도 말고
받지도 말고,
네가 한 번 밥 사면,
나도 한 번
사주어야 한다.

사람은
70, 80, 90세라도
못 믿는다.

고마운 것을 못 느끼고

오히려 시기,
질투만 더 나온다.
잘할수록 더 질투한다.

연세 있으면
덤으로 산다.

연세 들어
한 번 편찮으시면
몸이 축가는 것을
알게 된다.

늙으면
남편
뒷바라지하다가
가는 것이다.

앞으로는
좋은 일보다는
힘든 일이
더 많아진다.

나이 든 부부는
지금은
너무 좋은 것이니

감사하고 살며

앞으로는
더 힘들어질 것을
미리
각오해야 한다.

늙으면
남편을 잘 챙겨야 한다.

나이 들면
남편에게 잘해야 한다.

나이 들어
잘해야 하니
여자도 살기 어렵다.

연세 있으면
병 있다고 해도
순환 시켜가며

병든 사실을
무시하며
살아야 한다.

늙으면
심통만 많아진다.
살다 보면
분통 터지는 일도 많다.

늙으면 늙을수록
걱정만 늘어난다.
자손 걱정 등으로
몸이 축간다.

나이 먹으면
안 좋은 일만 남는다.
그러나
이 또한 지나가리라.

나이 들면
그 사람에게서
얻어올 게
하나도 없다.

늙어도
곱게 늙어야 한다.
기쁨으로 봉사하면
품위 있게 늙을 수 있다.

늙어도
사기 치는 사람 있다.
나이 먹으면

빌려서도,
받아서도,
보증 서서도 안 된다.

늙으면
사기 당하기 쉬우니
속지 말아야 한다.
선과 악은
갈라지게 마련이다.

나이 들면
아랫사람이
어렵지 않게
볼 수 있다.

나이든
사람을 무시하는 건
있을 수 없다.

늙어도
큰일을 할 수 있다.

인내심이 강하므로
무시하지 못한다.

가정을
파헤칠 수도 있고
살릴 수도 있다
가정이 제일 중요하다.

어른을
거추장스럽다고
생각하면 안 된다.

마음이
예쁘지 않으면
축복권이 없다.

젊은이들만 어울리고
노인은
쳐다보지도 않으면
어떻게
교회가 바르게 되겠는가?

나이 들어
편히 살려면
몸 관리, 마음 관리,

가정 관리,
돈 관리를
젊어서부터 잘해야 한다.

애들도
말 안 들을 때,
노인들이 말 듣겠나?

져줄 때는, 져주고
꼭 이겨야 할 때는
이겨야 한다.

나이 들면
"아이구" 소리가
절로 난다.

늙으면
친구도
필요치 않은
세대가 된다.

늙으면
정신 차려야 한다.
늙으면
처신을 잘해야 한다.

부모가 늙어가며
행동이
반듯하지 못하면
자손이 잘 안 된다.

자기 마음 하나
지키는 것이 어렵다.
늙을수록 아주
처신을 잘해야 한다.

연세 들어
싸움하고 살면
자식들이 고생하고
부모로서
사랑도 못 받는다.

늙으면
감각이 떨어져
남의 말을
잘 안 듣는다.

나이 먹으면
몸에 힘주지 말고
성질을 죽여야 한다.
기도만 해야 한다.

늙으면
교회에서 일하기보다
뒤에서

기도만 해야 한다.
젊어서
열심히 일해야 한다.

성질이 느긋해야
늙어서 병 안 온다.
나이 먹었어도
다 품어야 한다.

나이 먹으면
욕심만 많아져서
분별이 없어진다.

늙으면
마음을
넓혀야 한다.

친구도 있어야 하고
순해야 한다.

불필요한

얘기하지 말고
좋은 말만 해야
자식에게
열매가 좋다.

나이 들면
여자가
쓸데없는 말

많이 하지 말고
가만히 있는 게
도움 된다.

늙으면
때와 장소를 가려서
말을 해야 한다.

말하기 전에
듣기를
먼저 해야 한다.

나이 먹으면
말 줄이고
행동도
조심해야 한다.

종종거리지
말아야 한다.
종종거리다
다칠 수 있다.

늙어서는
더 조심해야 한다.
알아도 모른 척,
몰라도
모른 척해야 한다.

인생은 짧은데
늙으면
다 그 사람이
그 사람이다.

참고 살 사람 없다.
나이 먹으면

배우고 똑똑하고
있는 사람이
더 힘들다.

젊어서 잘못 살면
늙어서

끝이 안 좋다.

나이 먹으면 어렵다.
늙어서
수다를 떨면
우울증 안 걸린다.

늙으면
집에서
마루라도 닦아주고
살림을 도와야 한다.

나이 들면
순환이 잘 안 된다.
나이 들면
모두 병원 다닌다.

나이 들면
허리 구부러지지 않게
젊어서부터
펴는 연습 해야 한다.

구부러지면
앞으로 빨리
나가게 된다.

늙으면
잘 놀라기 때문에
무소식이
희소식일 때가 많다.

어려운 일
부딪치지 않은 사람은
이해성 없고
나이 들면 어려워진다.

늙으면
부부가
한 방에서 자야 한다.

나이 먹을수록
남편의 입성을
잘 해드려야 한다.

부부갈등에서
병 온다.
젊어서
심하게 싸운 사람은
늙어서 골병든다.

갈등을 이겨내야

늙어서 좋다.

나이 먹으면
남편이
많이 변한다.
싸우면 안 된다.

나이 먹으면
진실이 나온다.
늙으면
부부가 서로
불쌍해진다.

늙으면 부부가
서로 많이
주물러줘야 한다.

막혔던 혈이
통하게 되어
건강을
유지하게 된다.

늙어도
흐트러져 살지 말고
싼 것이라도 단정하게

입고 살아야 한다.

노인은
순간적으로
어지러울 때가 있다.
정신이 희미해질
때가 있다.

늙어도
입은 안 늙는다.

나이 먹으면
서두르지 말고,
허점 보이지 말고,

뭐가 빠졌나
생각해야 한다.

조심조심
남에게
피해 주지 않으려고

혼자 생각하고
또 생각해야 한다.

나이 먹으면
남도
생각해야 한다.

나이 들면 멍해져서
자기 식구
챙기기도 어렵다.

나이 들면
젊어서 약간
삐딱하던 사람이
더 많이
삐딱해지므로

사람으로
대우 받기
어렵게 된다.
복을 받지 못한다.

나이 들면
좋은 생각에서
좋게 살아야 한다.

나이 먹으면
걱정이 더 많아진다.

정신 바짝 차려서
예수 믿어야 한다.

믿음 없으면
늙어서
악만 남는다.
나이 들면
지혜로워야 한다.

마음을 여유 있게
가다듬고
안정해야 하며
눈에 띄지 않게
행동해야 한다.

젊어서
팔팔하던 성질이
늙어서는
죽어져야 살 수 있다.

나이가 많거나
적거나
인생이 어려운 것은
당연한 일이다.

대우 받다가
퇴직 후
집에 앉아 있으면
초라해진다.

사람은 늙어서
좆값을 받는다.

나이 들어
짐을 지워주면
감당하기 어렵다.

사람 데리고
다니는 것도
젊어서 하는 일이다.

늙으면
자기 몸 하나
간수하기 어렵다.

늙어서 혼자 살면
정신을
바짝 차리고
살아야 한다.

정신 바짝
차리고 살아야
늙어
정신 놓치지 않는다.

나이 먹어도
당당하고
기죽지 말아야 한다.

늙으면 둔해진다.
늙으면
남는 것 없고 외롭다.
남에게
신경 쓰지 않는다.

나이 먹으면
새로 사람을
사귀기 어렵다.

늙어서
자식이 너무
잘해 주면
기운이 떨어진다.

나이 들면

싸울 일 없다.
갈 데 없으면
싸우지도 말아야 한다.

노인을
너무 위해
받치지 않으니
그런대로 잘 사신다.

연세 높으시면
가르쳐 드리려
하지 말고
무조건 "네! 네!" 해라.

늙으면
주물러 드리는 것이
좋다는 것을
깨달아야 한다.
부모 수발이다.

인생을
멋지게 살려면
알뜰하게
노년 준비해서

자손에게
기대지 말아야 한다.

무슨 일이든
때가 있다.
손자 돌보다가

하나님께
돌아가게 된다.
모양내는 것도
잠깐이다.

옛것을
다 따르지는 않지만
나이든 사람은
경험이 많아
일러 줄 것이 많다.

나이 먹으면
혈관이
자꾸 좁아진다.

영양 주사도
흡수가 안 돼서
풍선 속의 물처럼
겉돌게 된다.

영양제는
밥 한 숟갈도
못 먹을 때
맞는 것이 좋다.

체험해보니
돌아가도
얼마 동안은
다 들린다.

가시는 분을
기분 좋게
보내 드려야 한다.

9. 경제에 대한 지혜

돈은 썼더니
또 돈이 생기더라.

돈도
순환돼야 한다.
베풀면
더 들어온다.

돈을
낭비하는 사람이
있는가 하면
알뜰하게
모으는 사람이 있다.

돈은 남에게
잘하기 위해 필요하다.
여유 있으면
봉사해야 한다.

돈은

가치 있게 써야 한다.

교회에서
김장할 때,
고춧가루나
양념 등을 사는 것은

돈을 가치 있게
쓰는 방법이다.

나는 돈을
가치 있게 썼다.

교회 나간 후
영의 눈을 떠서
쓸데없는 데
돈이 새나가지 않았다.

욕심 부리지 말고
있으면

나눠줘라.

남편이 절약해야
살림이 는다.
부부가 다 안 쓰면
구두쇠 된다.

친구를
만나지 않으면
베풀 기회가
없어진다.

교회만 다닌다고
복 받는 것 아니다.
복은 어디서 오나?
인색하면 안 온다.

영이 무서우므로
깨끗하지 못한 돈은
옆에서 조금만

잡음이 있어도
물 새듯
빠져 나간다.

돈 때문에
죽기도 어렵지,
나이는 먹어가지,

관리는 어렵지,
돈 많은 사람들이
제일 어렵다.

주는 건 좋지만
속거나
이용당하진 말아야 한다.

못사는 비결은
필요치 않는 것을
자꾸자꾸
사들이는 것이다.

돈 얘기하면
눈물이 나온다.

돈이 많아도
인생 짧은 줄 모르고
누리고
살지 못하는 사람들 때문에.

9. 경제에 대한 지혜 377

있어도
누리지 못하는 사람 있다.
가진 게 있어도
누려야 축복이다.

돈은
젊을 때
써야 하는 점이 있다.

쓸 만한 때가
따로 있고
또 돈은 돌아가야 한다.

나이에 따라 다르다.
돈 있으면
애들에게
주는 것이 좋다.

여자가
친정에서 받은 것은
자기 통장에 넣어

묶어 놓고
노후대책해라.
돈 관리 잘해야 한다.

남편 퇴직금
받은 것은
아내가 다
관리하지 말고

남편에게도
어느 정도
돈을 주어야
일이 풀린다.

자식들은
부모에게서
돈 뺏을 생각 말고
감사한 마음을 갖고

어떻게 해야
부모님 마음을
기쁘게 해드릴까?
생각해야 한다.

가정 경제를
남자가
독차지해 관리하면

늙어서

경제가 엉망 되어
가족 모두가
고생하게 된다.

집안에서
돈 관리가 잘 안 되면
집안 질서가
어지러워진다.

늙어선
돈을
들고 있어야 한다.

정신 바짝 차리고
살림해야
늙어서
노후 대책 잘할 수 있다.

돈 많은 사람의
문제해결 방법은
간단하다.
돈을 풀면 된다.

"우리는
그래서 즐거운 거여.

돈이 많이 없어서."

돈 많으면 어렵고
돈이 적으면
사는 것이 편하다.

있는지 없는지
먹는 것은
다른 사람이
잘 모른다.

그러나
집과 입는 것은
남도 안다.

순수과학
하는 사람은
돈 벌기 어렵지만

실용기술을
연구하면
돈을 벌 수 있다.

여유 있는 사람은
일 도와 주는

9. 경제에 대한 지혜 379

사람도 써야
없는 사람이 살 수 있다.

기도 해주다 보면
돈이 생기나?
오히려 돈이 들어간다.

나눠주는 데서
복이 온다.
도둑에게도
나눠줄 수 있다면 좋다.

몸도
순환시켜야 하지만
돈, 옷 등도
순환시켜야 한다.

유산 많이 받고
잘못되지 않은 사람
별로 없다.

건강하면
돈을 많이 번다.
내가 안 아픈 게
돈 벌어준 것이다.

돈에 얽매이면
행복하지 않다.
묶여지면
판단이 안 나온다.

돈이 좀 있으면
힘이 돼서
더 어렵다.

돈 투자는
돈을 벌어서
성공이 아니라
마음이 밝아야 성공이다.

돈 생각이 앞서면
사랑이
안 나온다.
돈이 앞서면 안 된다.

봉사하는 마음으로
최선을 다해야
돈도
따라온다.

돈을

아무에게나
퍽퍽 퍼주면 안 된다.
가치 있게 써야 한다.

뜯어가려는 마음
갖지 말고
내가 노력해서
번 돈으로

자녀도 가르치고
살아가야 한다.

기분이 좋아야
돈도 쓴다.
돈은 죽는 것을
살리는 역사다.

쓰기만 하는
아이에게
자꾸 돈을 주는 것은
발전성 없다.

주는 자가
복 있다.
남에게 잘 해주어야

후손이 좋다.

돈이 많으면
좋은 일을
많이 할 수 있다.

돈이 많다면
풀 데가 너무 많다.
돈은
풀어야 썩지 않는다.

돈은
남을 위해
멋지게 써야 한다.
돈이 있으면
밥을 사주어야 한다.

돈을 가치 있게,
멋지게 쓰면
사람 마음을 움직이고

길을 열며,
소생시키고
힘을 준다.

돈이 많으면
어려운 사람들에게
베풀어서
이름을 남겨라.

제일 작은 사람에게
잘하는 것이
하나님 뜻이다.

돈 있는 사람은
하나님께서
다른 사람에게
돌리라고 주신 것이다.

여러 사람에게
돈을
나눠 주는 것이

나도 살고,
다른 사람도 살고
나라도
살리는 것이다.

인생 잠깐 사는데
돈 있는 사람들이

늙지도 말고
오래 살아

좋은 일
많이 했으면 좋겠다.

돈을 잘못 쓰면 불행해진다.
이것을 깨닫지 못하면

누구라도
행복하지 못하게 된다.

주기도 하고 받기도 해야
부자가 된다.

나는
돈이
싫은 것이 아니라
돈 얘기 들어가면,

얼마 들었다
말하면
밥맛이 없어진다.

돈 많은 것

자랑 아니다.
마음과 정신이
진실해야
풍기는 것이 있다.

돈에 애타면
기쁨이 없어진다.

돈도
적당히 있어야 한다.
가진 것 없어도
마음부자가
진짜 부자다.

너무 인색하면
있던 재산도 없어진다.

개인이
빚이 많으면
교회 봉사보다
먼저 빚을
갚아야 한다.

내가 모아서
내가 잘 살아야 한다.

돈 있으면
힘이 생기게 된다.

어느 정도
돈이 있으면
인생을
즐기며 살아라.
인생이 짧기 때문이다.

있는 돈 아껴 쓰며
즐겁게 살아라.
잔돈을
아껴서 모아야
큰돈을 모은다.

앞으로 살아갈 때,
어린 사람들이
영수증 처리를 잘하도록
꼭 가르쳐야 한다.

지혜롭지 못하면
못사는 길로
가는 것이다.

마음부터 고치니

물질이 따른다.
생활 속에서
우리가
변화되어야 한다.

욕심을
먼저 버려야 한다.
재산을 악으로 벌면
악으로 없어진다.

남자는
돈 없어 쩔쩔 매면
기죽는다.

남자는 꼼꼼하고
안 쓰는 사람이
실수 없다.

대신 여자가
폭 넓게
베풀고 살면 된다.

돈 많다고 소문나면
남의 돈을
거저 가져가려는 사람이
주위에 많아진다.

가까운 사람에게
순간적으로
사기 당할 수 있다.
돈 관리
잘해야 한다.

작은 욕심도
다 빼지 않으면

늙어서
잠깐 생각을 잘못해
사기에 넘어가
돈을 다 뺏기게 된다.

퇴직하면
어디에 투자하자고 해도
하지 말고
가만히 있어야 한다.

동업, 돈거래가
가장 어렵다.

아쌀하게

처음부터 그만둬라.
맺고 끊는 것을
잘해야 한다.

남의 것 떼어먹으면
못산다.

남편 친구가
자녀 학자금하게
보증 서달라면

농협에서
얻어서라도
그냥 주시라고
말씀드렸다.

보증 서면 안 된다.
우리는 괜찮지만
하나님
영광 가리면 안 된다.

기도 방 식구들에게
"끊을 건 끊고
내가 꿔달라고 해도

꿔주지 마"라고 말한다.
엄청 무서운 일
막는 것이다.

잘 대해준 사람이
더 못되게 군다.
아주 가까운 사람들끼리
조심해야 한다.

정신이 안 좋으면
살림이 엉망 된다.

돈 알차게 쓰는 길을
일러주는 것도
복된 일이다.

돈이 별로 없어야
하나님을
간절히 찾는다.

인생은
갖출 것
다 갖추고 살 수 없다.

결론은

돈인데
욕심 부리지 말고,

덜 벌고
마음 편하게
사는 게 낫다.

"나 자유 얻었네.
너 자유 얻었네."
돈에서
자유로와야 한다.

기분 나쁘면
돈도 필요치 않다.
내가 기분 좋아야
옷도 좋고
돈도 좋다.

어렵게 벌어서
쓸 때 팍 쓴다.
손님 대접하려면
풍성하게 해야 한다.

지혜 없는 사람은
손님 대접할 때

돈부터 따진다.

시골에선
생활하는 데
돈이
많이 안 든다.

세금이
아무리 많아도
집값보다 더 많겠나?

10. 사탄을 알아야 승리한다

길을 가면서도
"○○○ 속에서 괴롭히는 귀신!
예수 이름으로 물러가라!"
속으로 기도해라.

잘못되고 싶어
잘못되는 게 아니다.
사탄이
사로잡아 그렇다.

애가 나쁜 게 아니라
속의 마귀가 하는 것이다.
주물러주어 가며
속으로 기도해라.

옛날 일은 잊어라.
그 아이가
책 쓸 사람이다.

자존심이 강해도

좋지 않다.
무식하면 무섭다.

계속 도둑맞으면
자기에게
문제가 있다.

마귀역사는
여기까지는 괜찮지만
저기 가서는
잘못 될지
모르는 것이다.

필요치 않은
말이 많으면
마귀에게
사로잡힌 것이다.

한 번 마귀에게
사로잡히면

헤어나기 어렵다.

사탄에 사로잡히면
물리치는 기도를
안 하려고
고집 부린다.

자기만 위해 살아서
안 풀리니까
상상 속에 빠져
공포 속에 사는 사람도 있다.

속상함과
슬픔, 죽음 등
부정적인 글을 쓰면
쓴 사람보다

읽는 사람이 더 빠진다.
더 나빠지고
어두워진다.

신앙생활 할 때
정신 바짝
차려야 한다.

나쁜 영이
교묘하게
은근히 파고 들어온다.

하나님이
역사하시면
마귀도 역사한다.

상처는
속에서 도사리고 있는
뱀이다.

비늘을
하나하나 떼어내야 하는
뱀이 있다.

파고들어 가는
성격이 그렇다.
자꾸 짚고
나가면 어렵다.

마음이
안 예쁘면
나쁜 생각이 들어온다.

새벽기도 와서
약한 사람을 꼬여
오염시키는
사람도 있다.

마귀에게
속지 않게
해달라고 기도해야 한다.

마귀는
약한 사람에게
침투한다.

마음이 여려서
상처 받고
잠이 안 오면서
우울증 온다.

몸이 힘들어도
약을 먹지 마라.
둔하고 멍하게 되며
잠만 자게 된다.

"내 입에서
욕 나오는 귀신아!
예수 이름으로 나가라!"
욕이 안 나올 때까지
기도해야 한다.

욕 안 나올 때까지
열심히 했더니
30분 만에
정상 되었다.

귀신이 말 시키려 하면
바로
"예수 이름으로 나가라!"
물리쳐야 한다.

얼마나
기도를 해야 하는지!
먼지 묻자마자
털어내는 것
같이 해야 한다.

쉬지 말고
기도하라는 것은
귀신들이
달려들지 못하게
하려고 하신 말씀이다.

10. 사탄을 알아야 승리한다

귀신 병은
예수 이름으로 물리친다.
귀신 병은 간단하다
"예수 이름으로 물러가라!"
하면 된다.

물리치는 말로
정신병 나간다.
자기가
그 소리만 하면 낫는다.

정신병은
귀신이 시키는 대로
남의 마음을 파악하고

사탄은 난데없이
병을 준다.
회개하면
하나님이 고쳐주신다.

기도만 하려 하면
귀신이 협박한다.
몸을 덜덜 떠는 것은
속에서
협박하기 때문이다.

가족을 죽인다고
협박하더라도
다 거짓이다.

귀에서 들리는 것의
정체를 알려주면
받아들여야 한다.

술 많이 마시면
어렵다.
술 귀신은
정말 지독하다.

술 마귀는
언제 어떻게
역사할지 모른다.

그게 옳다고
빨려 들어가서
사탄의 역사가
일어난다.

몰라서,
잘못 배운 사람의
거짓 정보에

빠져 들어가서
그릇된 길로 나가게 된다.

큰 시험이 오고
교회 분란을
일으키는
사람들이 된다.

양손의 집게손가락을
양쪽 귀 속에
각각 넣고

"귀 속에서
소곤거리는 마귀야!
예수 이름으로 나가라!"
아주 냉정하게 기도해라.

눈에
두 손을 대고
"눈에 보이는 마귀야!
예수 이름으로 물러가라!"

입에 손을 대고
"내 속에서
욕 나오는 귀신은

예수 이름으로 나가라!

나 아무개는
하나님의 자녀다.
나는
예수 이름으로 승리했다."

냉정하게
악착같이 해야 한다.
영은
금방 알아본다.

사탄이 하는 것은
말을 많이 하고
시험 들게 하는 것이다.

이미지
나쁘게 만드는 말을
전하는 것도
마귀 역사다.

남 얘기하고
수군수군하면
사탄의 역사다.

10. 사탄을 알아야 승리한다 391

마귀에게
끌려다니면
여기저기 다니며

말을
퍼뜨리고 다닌다.
아무도
이겨낼 수 없다.

신앙을
떨어뜨리고
신앙생활의 재미를
못 느끼게 만든다.

지혜롭지 못한
사람이지만
그런 사람도
인격을 살려줘야 한다.

성령 체험 못한 사람은
사탄 역사에
말려 들어가
헤어나기 어렵다.

사탄 역사가

교회에서도 활동한다.

교회를 위해서
열심히 기도해서
마귀를
물리쳐야 한다.

교회에서
봉사하고
성경 공부 잘해도
천사마귀 역할을 하는
사람이 있다.

다 갖추었을 때,
깜빡 속는다.
영이 흐려지면
판단력이 흐려진다.

먹음직스럽고
보암직한 것이
간교한 마귀다.

헌금, 봉사
잘하는 것에
넘어가면 안 된다.

영적 세계를 모르면
목사님들도
어렵다.

복 받는 교인이 되려면
사탄의 역사가 심하다.
분별 못하면
사탄에게 끌려간다.

사탄의 세계에서는
그럴 듯하게 말해
말려들어가게 한다.

홀리지 말고
중심이 뚜렷해야 한다.
신앙대로
살려는 사람은
마귀가 더 괴롭힌다.

속에 마귀 있으면
하나님이
들어갈 자리 없다.

남을 핍박하고,
속이고,

괴롭히고 한다.

곁눈질하는 눈은
살피는 눈이고
독이 들어 있다.
떳떳하지 못하다.

사람은
곁눈질하면 안 된다.
미움이
가득한 눈이 된다.

미워하면 축복권이 없다.
미워하는 것은
마귀가 주는 것이다.
영이 무섭다.

마음 속 사탄이
좋은 것은
생각나지 않게 하고
나쁜 것만
생각나게 한다.

생각에서
나쁜 영향 들어오면

미움이 오고

그러면 잠 못 자고
병들고
가난해진다.

보이지 않는 공기에서
오염된다.

오염이 퍼지면
신앙 떨어지고
기쁨이 없어진다.

마귀에게
사로잡힌 사람과
같이 놀면
오염되어
영이 흐려진다.

설 미치면
참지 못한다.
당할 사람 없다.

한 번 실패가
몇 개월 기도를

허사로 만든다.

가슴이 두근두근하면
마귀가
마음속에서
사는 것이다.

사랑한다면서
잡아먹는 수가 있다.

상대방이
사랑하는 것을 이용하면
상처받지 않게
사탄의 세력을
물리쳐야 한다.

그 사람은 사랑하되
속으로는
"사탄아! 예수 이름으로
물러가라!"

기도해서
물리쳐야 한다.
영 분별해야 한다.

귀신 들어가면
상상 속에
빠지게 된다.

아빠의 목을
돌돌 감아가며
기를 빼는 딸도 있었다.

어릴 때
잘못된 영이 들어가
속에서 자라났어도
하나님께서 고치시면
병도 아니다.

마귀는
갈라놓는
역사이기 때문에
어떻게 해서라도

갈라놓으려 하는데
이혼시키면
마귀들의 대승리다.
꼭 붙잡고
사랑하며 살아야 한다.

영적인 것이 잘못되면
마귀가
거짓 정보를 주어
망신 주고

가족들 사이를
다 끊어 놓는다.

잘못된 습관도
마귀가 준다.
습관의
버릇을 고쳐야 한다.

마귀는
사람을 상대하지 말고
무시하라고
귓속에 속삭인다.

친구의 좋은 얘기는
받아들이고
나쁜 얘기는 속으로

"사탄아!
예수 이름으로 나가라!"
기도하며

듣기만 하고
가만히 있으면 된다.

신앙생활을 하다보면
심술부리는
마귀가 있다.

난 마귀와
싸우는 역할을 해 왔다.

자기도 모르게
묶고 있는 것이 있다.
자기를
묶고 있는 것이
자기 속의 마귀다.

사탄에게
오래 묶이면
분별이 안 된다.

마귀는 어디서
날아들어
오는 것이 아니라

나 스스로

내 몸을 묶는 것이다.

마음 여리면
묶여진다.
사람을
피곤하게 만든다.

내 몸을
내가 살펴볼 때,
좋지 않으면

사탄이
내 마음속에
들어 있다는 것을
발견하게 된다.

마귀에게
넘어가는 것은
남 간섭,

말 많은 것,
스스로 속는 것
등이 있다.

내 자신을

내가 마음대로
못하는 마귀를

내 속에서
끄집어내면
그것이 회개다.

가슴 아프면
손으로
가슴을 탁! 치고

"예수 이름으로
가슴 아픈 귀신
물러가라!" 기도해라.

모든 것이
자기 문제이다.
나빠서가 아니라
성격이 다른 것이다.

마귀도 실수한다.
농담하지 마라.
항상 조심해라.

마귀가 친척 통해

어려운 일을
당하게 하는
경우도 있다.

누구를 뭐라
평할 때가 아니다.

갑자기
이상한 생각 들면
막 걱정하게 된다.

내 마음을
내가
뺏길 때가 있으니
정신 바짝 차려야 한다.

우울할 때는
자기가 자기를
개발해야 한다.

영적으로
눌리면 안 된다.
지금은
그런 세상 아니다.

사람이
잘못된 것 아니라
영적으로 잘못되어

너무 말귀를
알아듣지 못하면
혼내지도 못한다.

영적으로
안 좋은 사람과
만나면 손해난다.
허세 부리면 손해난다.

믿지 않는 사람은
신세 한탄하며 산다.
옆에서
진을 빼는 사람도 있다.

약할 때
침투하는 마귀를
예수 이름으로 물리쳐라!

마음이
깨끗하지 않으면
마귀에게 씌워

이용당한다.

아주 사소한 것에서도
화를 내거나
속으로
종알종알하는 것도
안 좋다.

중얼중얼에서
불평불만 오고
치매가 시작된다.

불평불만 하니
마귀가 역사한다.
마귀 역사하면
기도가 안 된다.

첫째,
없애야 할 것은
심술이다.

말 못하게
막는 마귀도 있다.

마귀가 덤벼들면

앙! 하는 하품으로
나쁜 것을
다 빼낸다.

마귀의 정체가 드러나면
하품이 나온다.
속에 남았던 마귀가
뛰쳐나온다.

하품이 앙~앙!
크게, 암팡지게,
물어뜯는 것같이
나오면

내 속에
그런 무서운 것이
들어앉은 것이다.

나를
잡아먹으려는,
우는 사자와 같다.

진저리 쳐지는
하품 하면
내 몸이 풀리게 된다.

마귀 역사로
이상한 말을 할 때는
바로 옆에 앉아서

강하게
"예수 이름으로
나가라!" 기도해라.

믿음 떨어진다는 것은
관리가
잘 안 된 것이다.

밖에서
상처 주는 사람도 많다.
내 기쁨을
빼앗아가는 것이
적이다.

사탄은
종이호랑이 같다.
얼마나 강력하게
대적하느냐가 중요하다.

느긋해야지
조급한 마음에

흔들리면 안 된다.

영이 묶이면
사탄이 역사한다.

마음의
울림이 있을 때
받아들이면

같이 놀아 주는 것이다.
빨리 예수 이름으로
물리쳐라!

마음으로 보이는 것,
들리는 것,
다 물리치지 않으면
사탄이 자리 잡는다.

똑똑한 사람들이
겉 넘어서
사탄이
자리 잡은 사람 많다.

인생을
고달프게 살며

기쁨이 없고
짓눌린 사람이 많다.

사탄과
줄다리기 할 때는
내 눈도 못 뜨게 하고
영적 싸움이 심하다.

교회, 나라,
가정이 짓눌려졌다.
나라가
뿌옇게 덮였다.

나라에
정신병이 너무 많다.
어떤 생각,
어떤 행동 하느냐가
중요하다.

사람이
나쁜 것이 아니라
잘 살다가도

사람이 나빠진다.
사람 마음대로

되는 것 아니다.

사람 속에서
치밀어 오르는 것이
있으면
아무리 기도 받아도
소용없다.

기도해서
나쁜 것을
다 물리쳐야 한다.

생각이 잘못되면
모든 것이
잘못 가게 된다.

귀신 씌우면
머리가
기가 막히게 돌아간다.
거기에
말려 들어가면 안 된다.

귀신같이
안다는 말이 맞다.

눈앞의 이익만 구하면
하나님이
가만 두지 않으신다.

성령 역사는
절제하지만
마귀는 절제가 없다.

분별 못하면
속는 생활한다.

마귀는 우리가
잘되는 것이 싫어서
식구 중 한 사람을
괴롭힌다.

거짓말도 하며
주절주절하다
자기 정체가 드러난다.

마귀는
자기 정체가 드러나면
도망간다.

내 속에

도사리고 있던
수많은 벌레 같은 마귀를
각자 다
잡아내야 한다.

변화시킨다는 말은
어원은
같은 말이라도
사탄에게는
칼로 죽이는 것과 같다.

울든지, 웃든지,
화를 내든지
속의 것을
쏟고 나가야 한다.

마음을 안 주면
허점이 보이지 않아
속에 뭐가 있는지
모르게 된다.

상상 속에 빠져서
이것도 내 건물,
저것도 내 건물
말하고 다닌

정신병자도 있었다.

사람 사이
끊어지는 것은
마귀의 문제다.

자유가
있어야 하는데
다 좋게 지내야
자유 있는 것이다.

누구와 말 안 하고,
오가지 않고,
미워하고 싶면
자유가 없는 것이다.

영분별 못하면
같이 놀아주다
영이 좀 먹는다.

마귀가 우리를
힘을
못 쓰게 만든다.

육에서는

지는 것 같으나
영이 살아야 한다.

미운 사람 만드는 것이
마귀다.
미워하지 말고
불쌍히 여겨라.

"내 속의
잘못된 귀신은
예수 이름으로 나가라!"

사탄의 세력은
시간을 정해 놓으면
안 나간다.

끝장을 봐야
내쫓는다.
스스로 내쫓은
중풍환자도 있었다.

사탄은
자기와 비슷하면
침투해서
오염시킨다.

여자들이
집을 나가는 것은
사탄이
끌고 나가는 것이다.

엄마 역할이
너무 중요한데
자식을 놓고도
많이 나간다.

이 세상은
보이지 않는
사탄이
장악하고 있는데

사람들이
그 사탄에 의해
조정 당하고 있다.

분별을 하지 못해
견디지 못하고
병든다.

이길 수 없는 것이
쌓여

병 된다.

이 세상은
사탄이 주인이므로
사람 탈을 썼지만
사람 아닌
행동을 하는 사람이 많다.

수단 방법 쓰면서
남에게
덮어씌우려 한다.

자기가 살아
분통터져서
믿는 자를
삼키려고 한다.

자아가
살아서 괴롭히므로
안 당하려면
성격이 느긋해야 한다.

이를 득득 갈며
기도해야
사탄의 세력을

몰아낼 수 있다.

"귓속에서
소곤소곤하는 마귀야!
예수 이름으로
물러가라!"

기도하라 하면
귀에 손대지 않고
멀리 둔다.

"눈에서 보이는 마귀
예수 이름으로
물러가라!" 하라면

눈에
손을 안 댄다.
마귀도 생각한다.

정신이 안 좋으면
식구들이
같이 병든다.
보호자가 더 병든다.

미치면

이중성격 된다.

마귀 정체를 알면
귓속에서 "○○아!" 부르면
다 듣기도 전에

"사탄아! 예수 이름으로
나가라!" 기도해라

변화 될 때까지
예수 이름으로
계속 물리치다 보면

마귀는
하나님을 이기지 못하니까
시간이 가서 그렇지
끝에는 승리한다.

마귀는
기도 받으러
가지 못하게
심한 협박을 하며

거짓 정보를 줘서
자기 정신 오지 못하게

혼돈을 준다.

마귀를
하나님인 줄
착각하게 만든다.

안 한 것도 했다고
거짓말한다.

사탄의 세력은
언젠가
끝이 난다.
거짓말은 끝이 있다.

귀신도 계급이 있다.
내가
경험을 했기 때문에
정신병을
많이 이해하게 됐다.

사탄의 역사로
떼쟁이가
더 달려든다.

여기 해결하면

저기서 터지고
한 사람이 괴롭히다가
더 많은
떼가 달려든다.

실명됐던 눈이
한 번 기도 받고
보이게 됐는데

눈에 주사 맞고
다시 안 보이게
만든 것은
성령을 거스른 것이다.

마귀는
우리가 풀어지면
그 틈을
파고 들어온다.

사탄은
여러 사람을 미혹한다.
없는 얘기를
지어내기도 하고

그 사람이

나빠서가 아니라
귀신이 시켜서
이간질도 한다.

사탄에 사로잡히면
불쌍하니까
예수 이름으로

물리쳐 주어
맑은 정신 오도록
도와준다.

사탄에 사로잡히면
고달프게 산다.
사탄의 세력은
얼마나 센지 모른다.

좋은 일 생기려면
마귀 역사한다.

마음고생하고,
사고 생기기도 하며
힘들게 살게 된다.

마귀가

일하지 못하게 막는다.

사탄의 세력은
어두운 것을 좋아한다.
우리는 밝아야 하고
밝은 빛으로
나아가야 한다.

마귀 들어오기 전에
사랑으로
기도해야 한다.
사랑으로 기도하면
이길 수 있다.

이단은
처음에는 잘 모르지만
절대적으로
못살게 되어 있다.

싫어지고,
미워지고,
불만 나오면
거기서 바로 멈춰야 한다.

"속으로

불평하는 마귀야!
예수 이름으로 나가라."
분별의 영이 있어야
살아 갈 수 있다.

탈 잘 쓰고
마귀 역사 할 수도 있다.

분별은
사탄이 침투할 때
예수 이름으로
물리치는 것이다.

영적 싸움을
끝까지 싸워야 한다.
몇 년이 걸려도,

물러가며,
슬금슬금
피해가면서도 싸워라.
영 흐릴 때
방언하면 더 어렵다.

방언도
사탄이 주는 경우가 있다.

분별하며
방언해야 한다.

마귀는
우리를 괴롭히려고
상처 주어가며

눈물 찔끔거리게
하려 하니
찔끔거리지 마라.

마음에
어둠의 세력이 들어가면
검정 옷에
얼룩진 것같이
누적돼 감각 없다.

'걸리면 걸리고,
아니면 말고' 식으로
마귀가
떠보기도 한다.

이유를 묻지 않고
안 속으면
스르르 나간다.

마귀에
사로잡힌 사람은
말을 잘못 알아듣고
위험하다.

한 번 아니다 하면
끝내야지
조금만 틈을 주면

자리 잡으려 한다.
영분별 안 하면
큰일 난다.

사탄에 사로잡히면
체면, 이목도 안 보고
막무가내로
자기를 사리지도 않는다.
착각에 빠져 산다.

사탄의 세력이
나 아닌 식구를 통해
살며시
들어오기 때문에
영분별을 해야 한다.

기쁨 없으면
사탄이 주는 것이다.
사탄은 두서없다.

절제 없고 정신없다.
산만하다.

인생 살 때
항상 좋은 생각만
하고 살아야
사탄에 끌리지 않는다.

어떤 분은
은혜 받았다고
펄펄 뛰다가
사탄에 사로잡혔다.

좋을 때도
절제해야 한다.
은혜 받았다고 해도
분별해야 한다.

은혜도
너무 성급하게
내가 받으려면

악령이 역사한다.

하나님이 주시면
받아야 한다.

하나님 뜻대로 살려면
사탄이 역사한다.

마귀는
우리 마음에 들어와
몸을 망가뜨린다.

부모가
완전히 변화되어야
자식이 완전히
병마에서 벗어난다.

정신병은
죽느냐? 사느냐?
욕 할 거냐? 안 할 거냐?
"안 한다. 살 것이다."
딱 갈라져야 한다.

최선을 다 할 때
하나님이

때가 되면 주실 건데

그릇이 안 되면서
자꾸 달라면
사탄이 역사한다.

정신 도는 건
순간적이다.
기분 나쁘면 획 돈다.

기분 나쁘게 살면
안 좋다.
옛날 좋았던 걸 생각하면
돌 필요가 없다.

그러니까 자기가
자기 마음을
잘 다스리라는 것이다.

정신병은
말귀 알아듣고 변화되면
바로 낫는다.

성격이 너무 세면
마귀도 달려들지 못한다.

독하면
마귀도 안 덤빈다.

불만에서
공상 속에 빠져
좋지 않은
그룹에 들어가게 된다.

마음이 예뻐야 한다.
마음이
제일 중요하다.

마음으로
무장하고
굳세고 냉정하게
마귀를 물리쳐라!

말로 무장되면
세상 사는 데
두려움 없다.
큰 재산이고 무기다.

백 번이고
이백 번이라도
물리치는 기도해야

승리한다.

하나님 앞에
무장하기는 어렵지만
강하게
이겨 나가야 한다.

영적으로
강할수록
더 크게 덤빈다.

내가 해도
이게 옳은 일인지 아닌지
내 마음과 생각을
다시 두들겨봐야 한다.

빨간 불에는
사탄이 물러간다.
십자가는 무섭다

마귀는
십자가를 무서워한다.

"저 빨간 십자가
좀 없애 달라"는

정신환자도 있었다.

"사탄아! 예수 이름으로
물러가라!"
이것이
가정을 지키는 방패다.

사랑과 기적이 꽃피는 여명근 권사의 기도 방 이야기 2
인생의 아름다운 길

1판 1쇄 인쇄 _ 2017년 10월 19일
1판 1쇄 발행 _ 2017년 10월 27일

지은이 _ 여명근
펴낸이 _ 이형규
펴낸곳 _ 쿰란출판사

주소 _ 서울특별시 종로구 이화장길 6
편집부 _ 745-1007, 745-1301~2, 747-1212, 743-1300
영업부 _ 747-1004, FAX 745-8490
본사평생전화번호 _ 0502-756-1004
홈페이지 _ http://www.qumran.co.kr
E-mail _ qrbooks@gmail.com / qrbooks@daum.net
한글인터넷주소 _ 쿰란, 쿰란출판사
등록 _ 제1-670호(1988.2.27)
책임교열 _ 오완·김유미

© 여명근 2017   ISBN 979-11-6143-064-5   03230

책값은 뒤표지에 있습니다.
이 출판물은 저작권법에 의해 보호를 받는 저작물이므로 무단 복제할 수 없습니다.
파본(破本)은 구입처에서 교환해 드립니다.